Oi, Tchurma

KARLA MARQUES FELMANAS

Diretor-presidente:
Jorge Yunes
Projeto gráfico de capa e miolo:
GB65
Giovanni Bianco
Fotografia:
Gui Paganini
Gerente editorial:
Claudio Varela
Editora:
Ivânia Valim
Coordenadora de arte:
Cecilia Wagner
Gerente de marketing:
Renata Bueno
Direitos autorais:
Leila Andrade
Preparação de texto:
Gleice Couto
Revisão:
Luiza Cordiviola

Oi, Tchurma
© 2024, Companhia Editora Nacional
© 2024, Karla Marques Felmanas

Todos os direitos reservados. Nenhuma parte desta obra pode ser reproduzida ou transmitida por qualquer forma ou meio eletrônico, inclusive fotocópia, gravação ou sistema de armazenagem e recuperação de informação sem o prévio e expresso consentimento da editora.

1ª edição — São Paulo
3ª reimpressão

DADOS INTERNACIONAIS DE CATALOGAÇÃO NA PUBLICAÇÃO (CIP) DE ACORDO COM ISBD

F322o	Felmanas, Karla Marques
	Oi, Tchurma / Karla Marques Felmanas. - São Paulo : Editora Nacional, 2024.
	240 p. ; 19,5 cm x 26 cm.
	ISBN: 978-65-5881-191-6
	1. Biografia. 2. Empreendedorismo. I. Título.
2024-96	CDD 920
	CDU 929

Elaborado por Vagner Rodolfo da Silva - CRB-8/9410

Índice para catálogo sistemático:
1. Biografia 920
2. Biografia 929

Rua Gomes de Carvalho, 1.306 – 11º andar – Vila Olímpia
São Paulo – SP – 04547-005 – Brasil – Tel.: (11) 2799-7799
editoranacional.com.br – atendimento@grupoibep.com.br

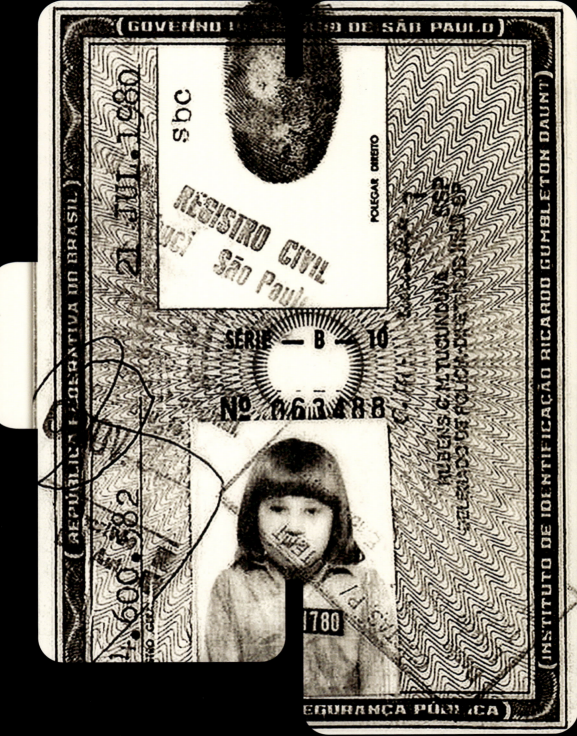

VIDA

OBRIGADA!

Aos meus pais, **Cláudia** e **João**, por terem me colocado na vida. O meu amor por eles é eterno e incondicional;

Ao meu marido, **Marcelo**, que é fundamental à minha constante transformação. Ele sempre está ao meu lado;

Aos meus filhos, **Juliana**, **Pedro** e **Eduardo**, por me fazerem mais atenta e sonhadora. Sou muito melhor porque eles existem;

Ao meu irmão, **João Adibe**, e à minha irmã, **Mariana**, pelo exercício da fraternidade. Eles me fizeram ser a melhor versão que uma irmã do meio pode ser;

À parceria de **Patrícia Bollman** pelo encontro e profissionalismo em me acompanhar e me escutar em momentos de profunda reflexão;

À mente criativa de **Giovanni Bianco** e a sua equipe, que conceberam o projeto gráfico desta obra;

À dedicação e ao trabalho de **Udo Simons** pelo desenvolvimento das minhas ideias e coordenação da escrita desta publicação.

De alguma maneira, todos possibilitaram a realização deste sonho.

Obrigada, tchurma

VAMOS VIVER INTENSAMENTE. O CONVITE É PARA SER FELIZ

KARLA

UMA MULHER QUE AMADURECEU E SE TORNOU UMA MELHOR VERSÃO DE SI

TACIANA VELOSO

AO LONGO DOS ANOS, A SUA FORÇA E DISCERNIMENTO A TRANSFORMARAM EM UMA PESSOA LIVRE. COM AUTONOMIA, OTIMISMO E FÉ, ELA SE APROPRIOU DA SUA EXISTÊNCIA, E ISSO SÓ FOI POSSÍVEL PELA IMENSA E CONSTANTE GRATIDÃO QUE ELA EXPRESSA PELA VIDA.

Um dia me perguntaram: "Nossa! Como a Karla é animada nas redes sociais. Ela também é assim na vida real?". Não levei nem um segundo para responder. "Claro, ela é uma só!". Ela é real seja onde for, no trabalho, entre seus familiares, amigos, ela sempre tem a mesma alegria contagiante (e seriedade também, quando a situação pede).

Karla é aquela pessoa que quando chega aos lugares, naturalmente, eleva a vibração positiva dos ambientes. Eu tenho a sorte de compartilhar dessa sua energia desde os nossos 5 anos, quando nos conhecemos, no jardim da infância, em São Paulo. Naquela época, eu era recém-chegada de Minas Gerais, onde nasci, e me sentia ansiosa por estar naquele novo universo. O nosso encontro foi uma grande alegria, o início de uma amizade singular.

Nascemos no mesmo ano, com três dias de diferença. Somos cancerianas, mães apaixonadas por nossos filhos, amigas dedicadas, empreendedoras de sucesso (ela bem mais animada do que eu, diga-se). Amamos viver e temos uma fé inabalável. Nossos valores são parecidos, o que só fortaleceu a nossa amizade. Eu sinto que temos uma conexão de alma que só melhora com o passar do tempo. Às vezes, basta uma rápida troca de olhares para a gente se entender. Passamos horas conversando, sem nenhuma censura, sobre qualquer assunto que passe em nossa cabeça. Uma amizade assim vale ouro, ou melhor, não tem preço! Sou abençoada por tê-la ao meu lado. Por isso, fiquei emocionada quando ela me chamou para participar de seu primeiro livro.

Estou muito honrada em escrever este prefácio para vocês por ter a chance de compartilhar um pouco da minha admiração por ela.

Karla é uma pessoa verdadeira, com muito a contribuir. Sua autenticidade e a maneira original de encarar a vida, sem filtros, com honestidade e clareza, a fazem ser quem é; sempre nos inspirando a buscar ser quem queremos ser.

Em 2021, no dia da mulher, ela foi reconhecida pela revista *Forbes* como uma das mulheres de sucesso daquele ano. Naquele momento, as suas redes sociais eram restritas à sua família e a poucos amigos. Se ela tivesse muito, tinha uns 400 seguidores no Instagram. Porém, diante da repercussão positiva daquela matéria, ela decidiu abrir a sua conta. As pessoas queriam conhecê-la mais, ficaram interessadas em compreender a sua maneira de ver o mundo. A partir daquele momento, ela começou a compartilhar a sua vivência como liderança empresarial, mulher, esposa, mãe e pessoa tão especial que é.

Eu acredito que sempre é tempo para descobrirmos novas potencialidades, e Karla mostra isso na prática, porque, incansável, ela chega a ser maior do que a vida. Um "fenômeno", como tem sido chamada, carinhosamente, pela opinião pública que a acompanha.

Ao compartilhar a sua jornada de transformação, Karla nos convida a mergulhar em temas que marcaram a sua trajetória, mas são universais e afetam a todos. Na escrita, ela se vulnerabiliza e revela os seus desafios e a superação deles. São histórias saborosas, sobretudo, que compõem um mosaico do seu jeito único de pensar.

Entre tantos atributos que posso listar sobre a sua personalidade, um em particular me chama atenção. É a sua coragem em se lançar aos desafios e percorrer caminhos inexplorados com confiança na sua essência. É um orgulho enfatizar que ela é, verdadeiramente, destemida. E como se essa característica por si só já não fosse tão preciosa, ela consegue tornar-se ainda melhor tendo a noção da importância de viver no agora. Ela vive o hoje e, de fato, compreende que o momento presente é um presente.

Ao longo dos anos, a sua força e discernimento a transformaram em uma pessoa livre, dona de si. Com autonomia, otimismo e fé, ela se apropriou da sua existência, e isso só foi possível pela imensa e constante gratidão que ela expressa pela vida. Não à toa, afinal, os seus passos são guiados pelo amor de Deus que habita a sua alma. E, aliás, tem coisa melhor do que a gente amadurecer e se transformar na melhor versão que podemos ser?

Com a sua autenticidade, criatividade e dedicação, ela teve um crescimento exponencial nas redes sociais, conquistando audiência, relevância e credibilidade. O seu reconhecimento é extraordinário entre as milhares de pessoas que a acompanham.

Há alguns anos, quem diria que uma alta executiva, esposa, mãe, à beira de completar 50 anos seria reconhecida como uma das sensações do TikTok, uma rede social dominada por adolescentes. Mas a sua irreverência e carisma ultrapassaram qualquer fronteira. O fato de ela ser, sobretudo, espontânea criou uma conexão real com as pessoas e revelou a sua originalidade na infinita criação de conteúdo da internet.

Confesso que, mesmo Karla antes sendo minha amiga-irmã, ainda me surpreendo com a sua capacidade de criação e reinvenção de si. Ela é uma mulher em movimento e constante transformação. Essa foi uma de suas qualidades que ela trouxe para este livro. Assim como em sua vida, aqui, Karla procurou aprofundar temas sensíveis de grande importância. Com certeza, é uma leitura inspiradora, principalmente porque ela trata com simplicidade assuntos, muitas vezes, incômodos, mas o seu jeito singular de ser, a sua energia, inteligência e bom humor deixam tudo mais confortável. Aliás, acolher o outro é uma das suas características.

E mais, ela tem uma vocação especial, que é ser feliz (e nos ensinar a ser feliz), porque ela vive intensamente a sua jornada de vida, busca realizar os seus sonhos e, todos os dias, tem sede de experimentar e evoluir. Essa é uma constante inquietude que a mantém mais viva do que nunca, com gratidão, humildade e empatia. Curiosa, Karla tem sempre algo novo a aprender e a transmitir em um diálogo franco, de coração aberto.

Hoje, milhares de pessoas a conhecem pelas redes sociais e são impactadas por sua alegria e generosidade em se comunicar e trazer reflexões. Agora, toda essa potência está reunida nesta publicação.

Tchurma, aproveite as páginas a seguir. Elas estão repletas de inspiração e otimismo. Nos convidam a pensar sobre a importância da vida e a entender como é bom ser feliz de verdade.

Te amo para sempre, amiga.

OI, TCHURMA!

É muito bom ter você por aqui me acompanhando em um espaço onde nunca imaginei que as pessoas pudessem me acompanhar, em um livro. Para mim, a experiência de escrever esta publicação foi algo novo em minha rotina, um exercício de reflexão sobre a vida, os meus valores e a minha maneira de agir. Em certa medida, o processo de elaboração e execução deste projeto foi como uma aventura rumo a um lugar incerto e indefinido; e faz parte da minha transformação como pessoa. Integra o meu amadurecimento e me deixa mais atenta à mulher que eu quero ser.

Como tudo na vida, tive ajuda para redigi-lo e sou muito grata por isso, porque a gente não realiza nada sozinho. É o trabalho em equipe, o compartilhamento de ideias e das tarefas, que deixa tudo mais interessante e possível. A presença do outro em nossa vida nos faz melhor e eu tenho um exemplo diário, na minha intimidade, que me faz ter a certeza dessa afirmação.

Há mais de vinte e cinco anos, divido a vida com Marcelo, meu marido, uma das pessoas mais importantes e significativas para mim. A sua presença, atenção e opinião me fazem ser uma versão melhor de mim. Estendo esse sentimento aos meus três filhos (Juliana, Pedro e Eduardo). Eles me ensinam constantemente. Nos desafiamos em nosso jeito de ser e na união que temos como família, que, aliás, é algo fundamental à minha existência.

Eu me entendo no mundo a partir das minhas relações familiares. Foi assim, desde pequena, no convívio com os meus pais (João e Cláudia) e irmãos (João Adibe e Mariana), que sempre foram o que há de mais precioso e importante para mim. Com certeza, eu não seria quem sou, não estaria onde estou, se eles não existissem. Por isso, sou grata ao nosso convívio, à nossa relação que está longe de ser perfeita, mas é muito humana, com muita vida e reconhecimento da gente na gente.

Muito deste livro reflete esse aspecto de humanidade de nossas relações. Foi uma maneira que encontrei para expressar algumas reflexões significativas à minha existência, mas não fiz isso como uma forma de alimentar o meu ego. Este livro surgiu a partir das minhas redes sociais, da interação diária com as centenas de milhares de pessoas que me acompanham. Sou absolutamente grata e fascinada por essas relações, algo inesperado e surpreendente.

Era 23 de fevereiro de 2021 quando tornei público o meu Instagram. De lá para cá, um mundo de oportunidades surgiu. A minha vida se transformou. Acabei sendo levada para um universo novo e inusitado, em que não sabia como me comunicar ou o que fazer. Nunca pensei que a minha rotina pudesse interessar as pessoas, afinal, o meu dia a dia é comum.

Logo cedo, vou ao trabalho, volto para casa à noite, encontro amigos nos finais de semana, acompanho os meus filhos, estou com o meu marido diariamente. Esses são fatos corriqueiros e semelhantes aos de milhões de outras mulheres e homens mundo afora. Jamais pensei que chamariam atenção. Estava enganada. Até hoje, esse engano me surpreende.

Foi Taciana Veloso, Taci, amiga de infância, a primeira pessoa que me aconselhou a deixar aberto o meu Instagram. Com a sua observação certeira, ela me dizia: "As pessoas vão gostar do seu jeito de ser, da forma como você encara as situações e age". A sua opinião tinha relevância, afinal, somos amigas desde os 5 anos. Taci sabe quem eu sou, e resolvi acreditar no que me dizia. Desde então, só tenho a agradecer ao seu olhar generoso e, por isso, a chamei para escrever o prefácio desta publicação. Tê-la presente neste projeto foi especial. Faz todo o sentido já que este trabalho é um apanhado do meu pensamento, uma maneira de abordar com mais densidade assuntos que considero importantes e que reflito de forma mais pontual nas redes sociais.

O desejo da maternidade, o que é ser uma executiva, ser esposa, amiga, o significado da fé e da disciplina são alguns dos temas tratados aqui. Há outros, e espero que cada um deles possa trazer um ponto de reflexão para quem os lê. Não tenho qualquer pretensão de ter a palavra final em nenhum desses assuntos. Sou alguém que está aberta ao diálogo e que se interessa por pontos de vista distintos. Eu gosto de aprender e agradeço aos encontros que tenho e aos ensinamentos obtidos a partir deles.

Gratidão, aliás, é algo que aparecerá com frequência nos textos, pois sou grata ao que me acontece. Ser grata, para mim, é uma das maneiras mais poderosas de viver, revoluciona e transforma tudo ao redor. Ao longo dos anos, foram muitos os exemplos que tive do poder da gratidão. Alguns deles estão compartilhados aqui.

Enquanto eu escrevia este livro, pude acompanhar a seleção brasileira de futebol feminino que estava na Austrália disputando a Copa do Mundo de 2023. Eu estava lá, acompanhando a nossa seleção. Infelizmente, as meninas perderam a disputa em uma etapa inicial da competição. Foi uma pena não as ver chegar à final, sobretudo por aquela ter sido a última copa da maior jogadora de futebol de todos os tempos, Marta.

Após a partida contra a Jamaica, que nos tirou da disputa, acompanhei algumas das entrevistas de Marta à imprensa e a sua postura me tocou. A sua fala firme e incisiva me lembrou sentimentos de indignação gerados pela forma que ainda temos de viver em sociedade indiferentemente à classe social, ocupação profissional, idade.

Como mulheres, precisamos ser resilientes. É impressionante como, mesmo tendo demostrado qualidades incomparáveis, ainda recebemos olhares de desconfiança e descrédito. É como se, a todo tempo, as circunstâncias nos levassem a acreditar que somos insignificantes. Enfrentar essa situação nos esgota e sequer encontramos lugar para nos refazermos desse esgotamento, porque, ao primeiro sinal de cansaço, podemos ser acusadas de frágeis, histéricas, incapazes, "mimimi de mulher". O pior dessa situação é que essa acusação é praticada tanto por homens como por mulheres (por mais absurdo que isso seja).

Nunca me vi como uma feminista e ainda não me reconheço dessa forma. Sou mais simples e não tenho interesse por debates ideológicos. Sempre me entendi como uma pessoa que procurou excelência nas atividades em que estivesse envolvida, fossem elas de âmbito profissional ou particular. Nesse sentido, me reinventei para conquistar os meus objetivos, para viver uma vida em harmonia, respeitando as diferenças e procurando ser respeitada.

Tchurma, escrevi este livro com muito carinho. Aqui, deixo reflexões, pensamentos e um jeito muito meu de entender o mundo. De coração, espero que você se divirta tanto quanto eu me diverti escrevendo. Muito obrigada por estarmos juntos em mais esta jornada.

GRATIDÃO

30   UMA MATERNIDADE POSSÍVEL E REAL

50   UMA QUESTÃO DE FÉ

66   MUDAR É POSSÍVEL, SEJA SEMPRE A SUA MELHOR VERSÃO

82   UM CAMINHO PARA A REALIZAÇÃO PESSOAL

98   A LIBERDADE FINANCEIRA TRANSFORMA SONHOS EM REALIDADE

114   SEXO É VIDA

136   ESTAR PRESENTE NO AGORA É UMA REVOLUÇÃO

154   TER VIDA NA VIDA

174   UMA VIDA MAIS SATISFATÓRIA E COM SENTIDO

190   SER SIMPLES NA ESSÊNCIA

206   O CRESCIMENTO É INFINITO, SÓ DEPENDE DA VONTADE DE CADA UM

224   É SÓ UM ATÉ BREVE

31

UMA MATERNIDADE POSSÍVEL E REAL

01

QUERO VER MEUS FILHOS FELIZES DA MANEIRA COMO ELES ACREDITAM QUE A FELICIDADE SEJA PARA ELES.

Era segunda-feira, 1º de fevereiro de 1999, quando realizei um dos maiores sonhos da minha vida, ser mãe. Eu tinha 25 anos, e aquele foi o dia em que a minha filha Juliana nasceu. Sonhava com a maternidade desde os 8 anos, e, se por um lado o desejo de ser mãe me fazia feliz, ele também me trazia inseguranças. Temia não conseguir engravidar, e esse medo surgiu ao imaginar que poderia nunca menstruar.

Eu sabia que as mulheres menstruavam. Desde pequena, a minha mãe conversava comigo sobre esse assunto. Por isso, entendia que para ter filhos era preciso menstruar e, como aos 8 anos, nunca tinha vivido aquela situação, me amedrontava não conseguir vivê-la. Mal sabia o que me esperava.

Ao passar pela puberdade, meu ciclo menstrual veio com regularidade e muita força. Ele era tão intenso que me causava desconfortos físicos e sociais em algumas ocasiões.

Anos mais tarde, em 2013, depois de ter tido os meus três filhos, retirei o útero por questões de prevenção de saúde e a minha menstruação cessou, mas enquanto ela não foi interrompida, talvez tenha me facilitado engravidar, por ter sido tão regular — o que era um dos indicadores da produção hormonal em meu corpo, um sinal de boa fertilidade.

Ficar grávida era tão fácil que meu segundo filho, Pedro, veio oito meses após o nascimento de Juliana. A vida logo mostrou que aquele medo infantil era uma bobagem, que surgiu de minhas fantasias, mas ele não era o único medo que me afligia.

Outro grande sonho da minha vida era me casar, sonhava como seria meu vestido de noiva, como seria a festa de casamento com todos seus detalhes e como eu seria feliz em ter uma família. Por isso, em algumas ocasiões da infância e adolescência, quando ficava incerta se conseguiria o que desejava, me pegava pensando: *Será que não vou me casar? E se não me casar, eu não vou ter filhos...*

FUGA INTERROMPIDA

Conheci Marcelo em 1986, aos 12 anos, mas a gente só começou a namorar em 1997. Um ano depois do início de nosso namoro, em 1998, a gente se casou. Eu tinha 24 anos. Ao falar para a minha família que iria me casar, minha irmã Mariana não acreditou. Para ela, aquele casamento só aconteceria por minha vontade de ter uma família.

Mariana é minha irmã caçula e cresceu me ouvindo falar sobre o meu desejo de ser mãe. Então, para ela, eu só iria me casar por medo de ficar solteira e sem filhos, o que a fez afirmar:

Casei com o homem da minha vida, Marcelo.

"Você está fora de si! Você não quer se casar. Você está é com medo de ficar solteira".

Durante todo um ano, ela participou da organização e planejamento do meu casamento, mesmo assim, ela não se conformava e, no dia da cerimônia, um pouco antes de começar a me arrumar, ela me falou: "Se você quiser desistir, eu apoio você. Você não precisa se casar". Imediatamente, eu a olhei e respondi: "Não, Mari. Estou bem resolvida. Eu quero me casar, gosto muito do Marcelo e tenho certeza de que vou ser muito feliz ao lado dele".

Até hoje, essa história me faz rir tanto pelo plano de fuga inventado por ela (o que no fundo era uma demonstração de cuidado e carinho), quanto por minha maneira tranquila e segura em respondê-la, enquanto ela sugeria que fugíssemos da cerimônia.

TUDO JUNTO E MISTURADO

Eu me casei em 18 de março de 1998, e Juliana nasceu onze meses depois. Aquilo era o que eu queria e havia idealizado. Foi como se o meu desejo de criança tivesse saído do lugar do sonho e tivesse entrado na vida real, até porque na minha família tudo acontece no "vuco-vuco", é um tumulto. Não há muito espaço para a gente sonhar. A gente quer mesmo é realizar.

Naquela época, além da minha nova realidade como esposa e mãe, também tinha o meu trabalho muito puxado e, ainda, a condição delicada de saúde da minha mãe. Ela havia descoberto um câncer, e a nossa família se mobilizara completamente para a sua recuperação, dividindo atenção para com o cuidado das crianças, trabalho e acompanhamento do seu tratamento. Tudo era novo e não dava tempo de parar. A gente precisava que as coisas acontecessem. Aliás, nosso trabalho era tão misturado com o que acontecia com a nossa vida particular que praticamente eu soube do nascimento de Juliana na CIMED, pelo meu irmão João Adibe.

BANHO NA BACIA DE ALFACE

Eu tive uma gravidez supertranquila e nunca parei de trabalhar durante a gestação, mas quando a gravidez estava com um pouco mais de oito meses, percebi certa diminuição no volume da barriga. Imediatamente, fui ao médico e ele me mandou fazer um ultrassom.

Aquela consulta aconteceu em 29 de janeiro de 1999, era uma sexta-feira. Para mim, ele falou que estava tudo bem, mas, durante o fim de semana, ligou para a minha mãe e disse a ela que eu estava perdendo muito líquido, que aquela situação não era adequada. Portanto, eu teria de fazer uma cesárea na semana seguinte. Para não me preocupar, minha mãe não me falou nada, mas comentou sobre a situação com João Adibe e, na segunda-feira, ao chegar à CIMED, ele me olhou surpreso e me perguntou:

"Mas o que você está fazendo aqui?"

"Ué, vim trabalhar", respondi.

"Como assim, trabalhar? Você vai ter neném esta semana!"

"Você só pode estar de brincadeira! Ainda não completei os noves meses."

"Não estou, não. O seu médico ligou para mamãe e disse que você tem de ter o bebê nesta semana."

Fiquei preocupada por nossa conversa, mas mantive a rotina e, às 16h, Marcelo, minha mãe, minha sogra e eu fomos à consulta com o obstetra. Como previsto, ele confirmou a informação: "Karla, você está perdendo muito líquido, e isso pode comprometer a saúde de seu bebê. Vocês têm de ter o bebê nesta semana".

Ao ouvi-lo, não duvidei: "Então, vamos fazer a cesárea hoje. Para que vou esperar por outro dia? Eu quero hoje". Ele concordou com a minha sugestão. Marcelo e eu voltamos para casa, tomei um banho, ligamos para alguns amigos para avisar sobre o nascimento da Ju. Saímos de casa e passamos em uma farmácia antes de chegarmos ao hospital. Me internei no início da noite. Às 21h30, Juliana nasceu. O parto foi tranquilo, e, após alguns dias, voltamos para casa. Foi quando nossa rotina, já tão corrida, ficou ainda mais agitada.

Ju nasceu bem pequena, e, para piorar, tive muita dificuldade para amamentar, o que me deixava apreensiva. Ela era tão pequenininha que eu tinha muito medo de dar banho nela. Achava que, por descuido, poderia afogá-la. Por isso, ela tomava banho em uma bacia de lavar alface.

Com o passar dos meses, as coisas foram se encaixando, conseguimos organizar melhor nossos gastos e contratamos uma babá que nos acompanhou por anos com os meninos. Ao retomar minhas atividades no trabalho, trabalhava meio período e ficava meio período em casa. Essa estrutura de apoio foi importante, porque, em quatro anos, tive meus três filhos e ter um suporte profissional foi fundamental.

TUDO PASSA!

As minhas gravidezes foram marcadas por uma coincidência: o nascimento de meus sobrinhos, filhos de João Adibe. Na época, ele era casado com Luciana e todos os nossos filhos (os três deles e os meus três) nasceram em períodos próximos. Adibe, o primeiro filho de meu irmão, nasceu nove meses antes de Juliana. Depois, Pedro nasceu dois meses antes de Esther. Já Bruna, a filha caçula deles, nasceu dois meses antes do meu caçula, Eduardo. Essa proximidade de datas é boa, porque eles crescem juntos.

FILHOS

Meus filhos Eduardo, Juliana e Pedro me fazem ser uma pessoa melhor.

Quando os meninos eram pequenos – uma fase de muita incerteza para as mães, inclusive para mim –, uma expressão entrou com muita força em minha rotina, tornando-se quase um mantra: "Na vida, tudo passa!".

Quando as crianças ainda são bebês de colo, as dúvidas sobre como criá-los surgem a todo instante: "Será que estou cuidando da forma certa? Será que estou presente o suficiente?". Diante das inseguranças, eu pensava: *Por que eles não vieram com bula?*

Quantas vezes eu não virei a madrugada sem dormir, com algum deles em meu colo, para que parassem de chorar e conseguissem dormir. O período do nascimento dos dentes é um exemplo clássico dessa situação de noites em claro. Lá em casa, era um chororô sem fim. Algo desesperador. E ali, nas madrugadas acordada, exausta pelo trabalho na CIMED e dos cuidados com minha mãe, eu mentalizava: *Vai passar. É uma fase. Vai passar e amanhã vai ser diferente.* Acredito que essa certeza vem da minha força interior em sempre manter um pensamento positivo. Por isso, esse "vai passar" quer dizer que "amanhã vai ser melhor; o dia será melhor".

INDIVIDUALIDADES

Como os meninos nasceram muito próximos uns dos outros, a correria do dia a dia vinha em dose tripla, e, para enfrentar essa situação, organizei uma estrutura quase de uma linha de produção para criá-los.

Se íamos ao dentista, eu levava os três para os cuidados com os dentes e, se ele recomendasse algum produto específico para a escovação, eu o aplicava ao mesmo tempo nos três. Ficávamos ali, escovando os dentes, todos juntos, pelo tempo que fosse necessário, e assim funcionava com todo resto. Tinha o dia para cortar as unhas, cortar o cabelo, o banho também acontecia coletivamente. Era tudo como se fosse uma linha de produção da fábrica.

Como o tempo era escasso, era preciso aproveitá-lo. À medida que eles iam crescendo, e foram para a escola, eu já estava trabalhando normalmente. Então, o meu tempo com as crianças foi reduzindo, e eu queria aproveitar ao máximo a companhia delas.

O engraçado dessa dinâmica semelhante a de uma fábrica foi que, ao colocar meus filhos todos juntos para fazer as atividades, demorei para entender que eles tinham personalidades distintas. Eles tinham tempos diferentes e eu não percebia. Meu comando era "vamos fazer acontecer". Só comecei a perceber a diferença entre eles quando surgiram as questões da escola. Ali percebi o quanto eles, de fato, são diferentes entre si.

Juliana, quando pequena, nunca gostou de que eu a enchesse de laços e a vestisse como uma bonequinha, o que eu adorava. Um dia, por volta dos 5 anos, ela me disse: "Mãe, eu não gosto de usar esses vestidos, eles me atrapalham para eu brincar. Eu vou subir no escorregador e piso na saia. É muito ruim". Quando ela me disse isso, eu não acreditei. Como aquela pessoa tão pequenininha articulava aquele pensamento? De onde vinha aquela fala? Mas eu a ouvi e essa escuta nos aproximou. Eu entendi a lógica. Ela queria brincar. Adorava descer no escorregador, jogar bola, correr livre e teria dificuldade para fazer tudo isso com vestidos cheios de babado, tule e laços. Daquele dia em diante, nunca mais pus um vestido nela. Eu comprava calças cigarretes, shortinhos ou outras roupas que a deixassem mais confortável e não a impedissem de brincar como queria.

Em um dos seus primeiros aniversários, ela também falou algo que me surpreendeu. Ela gostava de brincar de super-herói, e planejei a festa dela de três anos com a decoração do Sítio do Pica-Pau Amarelo. Eu imaginava os personagens Emília, Narizinho, Visconde de Sabugosa brincando com as crianças. Imagens de Tia Nastácia e Dona Benta pregadas pelas paredes. Para mim, já estava tudo certo e seria lindo. Só esqueci o detalhe de perguntar à Juliana se ela estaria de acordo.

Como ela sabia que a data do aniversário estava se aproximando, ela me perguntava o tempo todo: "Mamãe, o Batman vem para a minha festa? E o Homem-Aranha? Que horas eles chegam?". Eu a ouvia e desconversava. Entretanto, inconformada, falava com Marcelo: "Mas o que essa menina tem na cabeça? De onde vem esse interesse por super-heróis? O que essa menina tem a ver com eles?". Pacientemente, Marcelo ouvia as minhas queixas e não falava muita coisa, até que um dia, depois de mais uma das minhas reclamações, ele me contestou: "Mas você está fazendo essa festa para você e suas amigas ou para a sua filha e as amigas dela?".

Marcelo fala pouco, mas quando ele fala é certeiro. Ele tinha razão. O Sítio do Pica-Pau Amarelo nem passava mais na televisão. Juliana não sabia quem eram aqueles personagens. Eu estava montando a festa pensando em mim. Quando Marcelo me fez perceber o que estava acontecendo, virei a chave.

Ela queria super-heróis?! Pois bem, mudei tudo o que estava contratado, e, no dia do aniversário, a festa foi tomada pela Mulher-Maravilha, pelo Batman, pelo Super-Homem, pelas Meninas Superpoderosas. Ju era só felicidade ao vê-los entrarem pelo salão. Os seus olhinhos brilhavam não acreditando que eles pudessem estar ali.

Já Pedro, apesar de ter quase a mesma idade da irmã, tinha outros interesses. Ele não queria correr ou jogar bola, a história dele era arrumar a casa. Ele vivia transformando a decoração da minha sala. Eu saía para trabalhar e, quando voltava à noite, tudo estava completamente diferente. Ele tinha revirado tudo e criado outra organização.

Pedro gostava de brincar de teatro e de montar cenários para as peças que inventava. Ele fazia uns cenários inacreditáveis para a idade que tinha e colocava os irmãos para serem os artistas. A brincadeira dele era criar, montar e dirigir as encenações, mas, como os irmãos

Juliana, 3 anos. Pedro, 2 anos e eu grávida de 9 meses do Eduardo.

TCHURMA ligada nos 220V.

sempre faziam algo fora do script, ele quebrava o pau. Se as ideias dele não saíssem como ele queria, o negócio desandava. Era um caos.

Esse é, inclusive, uns dos motivos que digo que Eduardo, o meu filho mais novo, não aprendeu a andar. Ele aprendeu a correr para fugir dos irmãos na hora das brigas. Por sua vez, ele amava esportes e, com o seu carisma, mobilizava a casa. Chamava os funcionários para jogar futebol no quintal, sempre conseguia alguém para andar de skate com ele. Ele seduzia todo mundo, e a gente acabava fazendo o que ele queria.

Em nossa família, todos os dias tinha corre-corre. Era uma verdadeira novela e acontecia de tudo, de inundação na casa, quando as crianças entupiam a banheira, a desentendimentos e discussões em que era preciso agir para mediar a situação. O melhor (para não dizer o contrário) era que tudo acontecia após um longo dia de trabalho.

Diante daquela situação, eu procurei um pediatra comportamental para conversar. Me dava pânico a ideia de que eles fossem irmãos que crescessem e parassem de se falar, que se desentendessem o tempo todo. Ao escutar as minhas preocupações, o pediatra me falou de modo objetivo: "Eles têm de se entender por si. 'Por que irmãos crescem e depois deixam de se falar?' Porque, quando os pais chegam em casa e eles estão brigando, imediatamente, eles são separados. Cada um é colocado em um quarto diferente. Com isso, eles perdem a chance de se entender. Quando isso ocorre, eles não aprendem a conversar. Irmãos têm diversas diferenças: de gênero, de jeito de ser, de se relacionar, disputam o amor dos pais, ficam com ciúme da atenção. Então, você precisa deixar que eles se entendam; que apesar das brigas, eles consigam conversar e cheguem a um denominador comum".

Eu o ouvi e coloquei em prática essa orientação. Foi difícil, em especial no começo, mas insisti por acreditar naquela forma de educar e creio que o resultado foi positivo.

Quase todos os dias, a situação se repetia. Eu chegava em casa e, rapidamente, lá vinham as crianças brigar junto de mim. Era como se eles fizessem questão de me mostrar que estavam se desentendendo. Algumas vezes, eu achava que um iria arrancar o olho do outro. Eu via o que estava acontecendo, me controlava e dava continuidade ao que estava fazendo, abrindo espaço para que eles se entendessem sem a minha interferência.

Internamente, eu mentalizava: *Vai passar!* Eles se "matando" diante de mim e eu pensando: *Vai passar!* De fato, passava e eles encontravam uma solução para as pendências. Essa postura me ajudou a manter o meu equilíbrio. Eu entendia que havia o meu momento como profissional, que não podia deixar de lado, assim como havia tantos outros momentos, como mulher, amiga, filha, irmã. Tudo acontecia ao lado do momento de ser mãe e tudo precisava acontecer da melhor maneira.

RELAÇÃO DE AMOR

Quando estava com os meus filhos, eu estava presente o tempo todo, e eles sentiam muito isso. Eu fazia questão de levá-los ao colégio pela manhã. Ia um pouco mais cedo para ter a chance de conversar com algum professor, com a coordenadora e saber o que estava acontecendo por lá. Quais eram as dificuldades do ensino, como estavam com os colegas.

Meus filhos cursaram o Ensino Fundamental em uma escola cuja dona era uma suíça. Ela teve um papel importantíssimo em nossas vidas por estimular a autoconfiança das crianças. Algumas das dinâmicas educacionais propostas por ela se revelaram relevantes para o crescimento deles. Uma dessas atividades era um momento de feedback que acontecia com a presença dos pais e professores. Falavam os professores, falavam os alunos e, muitas vezes, eu ficava ali calada, ouvindo, bastante apreensiva, o que estava sendo dito. Em algumas daquelas ocasiões, pensava: *As crianças não vão passar de ano. Da maneira que os professores estão falando sobre o comportamento delas, elas serão expulsas logo, logo.*

Mas os meninos tinham a chance de responder aos comentários. Eles eram incentivados a se posicionar e explicar as suas atitudes. Eles tinham o seu lugar de fala e os professores o momento de escutar. Então, dialogando, chegava-se a um consenso e se estabeleciam acordos possíveis.

Por falar em diálogo e argumentos, eu aprendi muito com o meu filho Pedro sobre a importância de respeitar os outros em suas diferenças. Pedro tem um senso de justiça inegociável, ele não admite brincadeiras sobre a forma de ser das pessoas. Essa sua postura, que se mostrou presente em seu comportamento desde muito pequeno, me deu mais consciência sobre a importância do respeito em nossas relações. Já Eduardo, com a sua maneira atenciosa de ser, me ensinou a importância de parar e olhar nos olhos das pessoas, dando a devida atenção a cada um e o tempo necessário a cada assunto.

Assim, seguíamos com a rotina da escola. Todas as manhãs, eu os deixava por lá e, ao sair das aulas, eles iam para as atividades esportivas. Chegávamos em casa no comecinho da noite, quase todos juntos. Aquele era o momento em que os acompanhava nas lições de casa, o que foi outro aprendizado.

Para mim, era estressante ter de fazer as lições com eles. Primeiro, porque eu nunca fui uma boa aluna, tenho dislexia. Além disso, chegava cansada do trabalho, o que dificultava a minha concentração. Aos poucos, aquela situação ficou tóxica e Marcelo, percebendo o que ocorria, me questionou: "Eu não estou entendendo. O que está acontecendo? A minha mãe nunca sentou comigo para fazer a lição de casa. Por que você está fazendo a lição de casa com as crianças? Elas têm de fazê-las sozinhas".

Mais uma vez, entre tantas ocasiões, Marcelo estava ali presente à nossa relação e atento à criação dos filhos. "Por que que você está fazendo isso? Que história é essa?", ele me perguntava incomodado.

Fazer a lição com as crianças me parecia o correto. A minha mãe fez isso comigo e com os meus irmãos. Ela se sentava à mesa com a gente e nos fazia prestar atenção ao que estávamos estudando.

João Adibe e eu tínhamos a cabeça "na lua", a gente não gostava de estudar. A presença da nossa mãe nos forçava a ver as matérias, e entendi que tinha de repetir aquele modelo com os meus filhos. Contudo, diante do posicionamento de Marcelo, refleti, mudei de atitude e encontramos outros meios para que as crianças fizessem a lição sem tornar aquele momento estressante.

Essa situação também me ajudou a entender que quando estivesse com os meninos, tinha de estar inteira, de verdade. Sempre fez a diferença o quanto estava disponível e verdadeiramente presente para eles. Eles sabiam a hora em que eu estava em casa. Essa é uma das minhas características. Quando estou, eu estou de verdade. Eu me concentro onde estou. Por isso, ao chegar em casa, entendia que era o momento de ser a mãe dos meninos e ficou cada vez mais óbvia a importância da parceria com Marcelo, como pais e como um casal, para a criação deles.

Não tenho dúvida, os papéis do pai e da mãe são diferentes para a criação das crianças, e tanto Marcelo quanto eu respeitamos nossos lugares. A gente nunca viveu aquela situação em que um dos pais fala "sim" e o outro fala "não" sobre o mesmo assunto, sobre o mesmo pedido. A gente até discorda em muitas situações, mas nunca na frente deles. Conosco nunca funcionou aquela história de "vou falar com a minha mãe, que ela deixa e meu pai não deixa. Se seu pai falou não, é não. Está encerrado o assunto".

Às vezes, é mais fácil falar um "sim" para um filho do que um "não", porque o "sim" deixa você "livre". Há uma concordância com algo que eles querem fazer. Falar um "não", especialmente para filhos como os meus, com uma personalidade argumentativa, se torna um transtorno, porque eles vão questionar: "E por que não?"; "Mas por qual motivo?"; "Me explica". Você dá uma resposta, e eles vão dar outra melhor. É uma loucura. Marcelo sempre falou que no dicionário do Eduardo não existe a palavra não, ele refutava e fazia o impossível para reverter a negativa.

Outra questão importante na educação dos meninos é que envolvemos as nossas famílias (João Adibe, Mariana, os pais de Marcelo, as suas irmãs e os meus pais, quando ainda eram vivos). A gente acredita muito em troca no processo educacional. Esse comportamento reforça os laços familiares, é algo positivo porque é uma relação baseada no amor. Não é perfeita, mas há um interesse genuíno pelo outro.

Agora, eu começo a ser a mãe que acompanha os filhos saírem de casa e, para a minha surpresa, não estou com a síndrome do ninho vazio. Pelo contrário, tenho um prazer enorme em vê-los andar com as próprias pernas, fazendo as escolhas deles, acompanhando as suas conquistas. Eu quero ver os meus filhos felizes, da maneira como eles acreditarem que a felicidade é para eles.

DIREITOS IGUAIS

A gestação de meu caçula, Eduardo, foi cercada de preocupação. Eu cismei que ele iria nascer com algum problema de saúde. Do nada, fiquei obcecada por esse pensamento e fiz todos os exames possíveis para ter a certeza de que o seu desenvolvimento em meu útero estava adequado. Graças a Deus, nenhuma das minhas cismas se comprovou. No dia do seu nascimento, contudo, o médico disse que ele havia nascido de "boca torta". Eu pensei comigo: *Mas só isso? Então, está tudo bem. Meu filho é saudável.* Mas uma semana depois do parto, eu recebi um comunicado da equipe médica do hospital que havia me acompanhado, dizendo que "a boca torta no momento do seu nascimento" poderia ser um indicativo de problema cardíaco. Eu praticamente enlouqueci. As premunições que havia tido se confirmariam, afinal. Eu não descansei enquanto não tive certeza de que ele estaria saudável. Eu o "revirei". Levei-o a todos os médicos possíveis, e nada se confirmava. Com o tempo, sua "boca torta" deixou de existir, não era nada mesmo. Pelo contrário, ele era uma criança que se alimentava e dormia bem, apesar de ter tido um episódio de choro durante um mês bastante inconveniente.

Durante trinta dias, ele só chorou, e acredito que aquele choro estava ligado à minha insegurança sobre a saúde dele. De alguma forma, eu devo ter transmitido a ele a minha angústia, a minha agitação. Porém, passado esse curto tempo de choro, Eduardo nunca mais chorou sem razão. Pelo contrário, transformou-se em um rapaz lindo. Ele é absolutamente gente boa, dono de um carisma gigantesco. Não tem quem não goste dele, porque seu jeito é cativante. Ao longo do tempo, ele se transformou em um rapaz seguro de si, muito amigo dos amigos e bastante sociável.

Quando eu vejo que algum dos meus meninos não está bem, eu fico louca. Eu tento aprender a lidar melhor com as limitações que tenho como mãe, porque há coisas que cada um precisa resolver da sua própria vida. Eu aceito que, em alguns momentos, há coisas que não posso fazer. E, sim, quero que eles sejam felizes e façam o bem para as pessoas. Eu não suportaria ver um dos meus filhos tratando mal alguém, usando de circunstâncias para tirar proveito. Essas são práticas que não fazem parte dos nossos valores. Pessoas de valores bem-definidos é o que espero que eles sejam.

MÃES TAMBÉM SÃO PROFISSIONAIS

No Brasil, ainda temos uma longa caminhada para tratar a maternidade nos ambientes profissionais. Pesquisas de mercado sobre esse tema apontam que, no começo da década de 2020, uma quantidade expressiva de mulheres é desligada, sem justa causa e por iniciativa do seu empregador, após voltarem da licença-maternidade. Essa é uma informação desconcertante e faz parte de levantamentos sobre o assunto realizados pela Fundação Getúlio Vargas no Rio de Janeiro (FGV). Os estudos da fundação apontaram que o processo de desligamento é iniciado imediatamente após o período de quatro meses da licença, garantido por lei. Esse índice, contudo, cresce após 24 meses, momento no qual quase metade das recém-mães é colocada para fora do mercado de trabalho, de acordo com a FGV. O resultado desse levantamento indica, com objetividade, o quanto ainda temos de avançar nessa questão. Principalmente, porque, como nos mostra o Instituto Brasileiro de Geografia e Estatística (IBGE), a mão de obra de mulheres representa mais de 54% da força de trabalho do Brasil.

Talvez a minha história, diante de dados objetivos tão contundentes, mostre que eu sou uma exceção à regra da maioria das mulheres em nosso país, mas esse fato só reforça a importância e urgência de mudarmos esse cenário. E, sim, acreditar que essa mudança é possível e que ela só trará benefícios.

UMA QUESTÃO DE FÉ

02

É PRECISO TER FÉ PARA ACREDITAR QUE TUDO VAI DAR CERTO.

Eu tenho uma *força* muito grande dentro de mim. Alguns a percebem como se ela fosse a minha fé, já outros a entendem como *determinação*. Seja como for, essa *força* é parte significativa da minha personalidade e a entendo, sim, como um reflexo da minha fé, mas ela não está ligada a uma religião, a um objeto, a uma celebração. Ela está conectada a um sentimento que descrevo como uma *energia que me move* e me acompanha ao longo dos anos. É como se essa *força* me protegesse e estivesse disponível quando me percebo em uma situação na qual tenho de ter discernimento. Ela sempre se faz presente quando estou em um contexto difícil ou quando é necessário ter esperança. Nessas ocasiões, eu lanço mão desse sentimento e me coloco em contato com algo maior do que a razão, que não precisa ter um nome ou uma forma; e é como se ela me ajudasse a construir uma defesa para me manter calma e reagir prontamente.

Eu me deixo ser conduzida por esse sentimento de conexão com o divino e sei que essa ação me possibilita tomar as melhores decisões, afinal, ela sempre me ajudou a passar pelos piores momentos da minha vida, me fazendo erguer a cabeça e me impulsionando a seguir com a certeza de que tudo o que estivesse acontecendo seria para o meu bem.

A fé para mim tem um valor que vai além do professado pelas religiões. Eu acredito em uma fé ligada à espiritualidade de uma maneira ampla, que, em muitos casos, a gente nem tem palavras para explicar. Esse entendimento, por sua vez, está relacionado à minha mãe, à relação que construímos, principalmente. Por conta dela, entrei em contato com a morte de uma maneira visceral, o que me marcou de modo profundo em um intenso processo de aprendizagem e superação.

MINHA MÃE FOI VÍTIMA DE UM CÂNCER, E TANTO A SUA DOENÇA QUANTO O LONGO PROCESSO DO SEU TRATAMENTO ME FIZERAM ENCARAR A VIDA COM URGÊNCIA.

Nossa família entrou em choque ao descobrir o seu diagnóstico oncológico. A notícia nos pegou de surpresa. Eu, inclusive, soube da sua enfermidade de forma inusitada, no momento em que regressava ao Brasil da minha lua de mel.

Minha mãe se programou para buscar a mim e a Marcelo no aeroporto. Ela fez questão de nos contar pessoalmente sobre o seu estado de saúde. Não queria que soubéssemos da notícia por terceiros. Em nossa chegada, logo que a vi, percebi que algo estava errado. Ao nos ver, com os olhos cheios de lágrimas, ela nos relatou o fato.

54

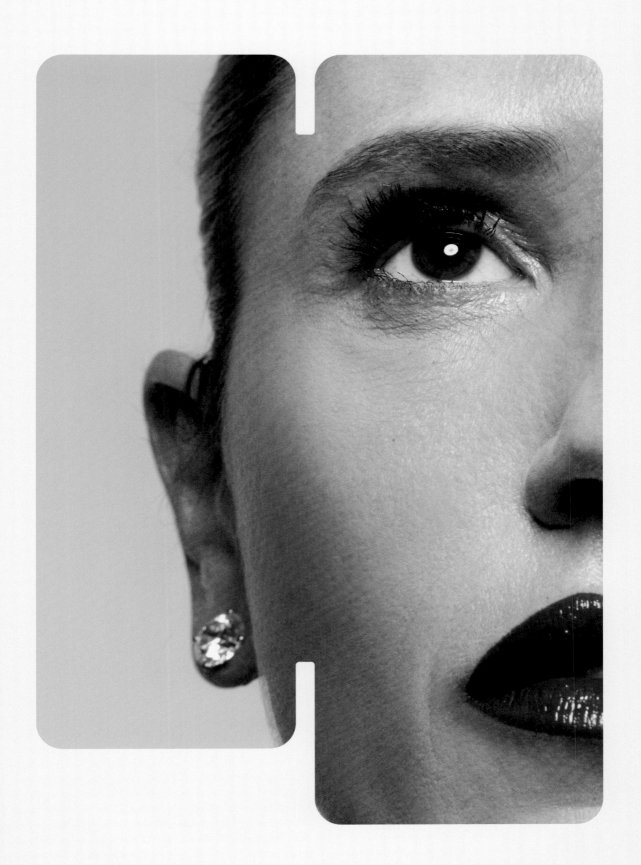

Minha mãe tomou consciência da possibilidade da sua doença, casualmente, em uma sessão de massagem, duas semanas antes da data do meu casamento. A massagista lhe deu o primeiro alerta ao perceber certa diferença em um dos seus seios. A temperatura do seu corpo naquela região estava mais elevada, lhe disse. Ela achou a situação estranha porque oito meses antes havia feito exames de mamografia que não acusaram nada. Porém, ao ouvir a massagista, ela decidiu retornar ao médico para verificar a questão. Como a data do meu casamento estava muito próxima, ela só foi à consulta após a cerimônia.

Enquanto Marcelo e eu embarcávamos para a África do Sul e as ilhas Seicheles, ela seguiu para o médico – e as notícias dadas por ele foram as piores possíveis. Após os devidos exames clínicos e de imagem, constatou-se o câncer e, na primeira biópsia realizada, veio a notícia que ninguém queria ouvir: o tumor era maligno.

Diante da descoberta, ela não perdeu tempo, agendou a sua primeira sessão de quimioterapia para uma semana depois do meu retorno ao Brasil.

Eu fiquei desesperada com aquela situação e me senti culpada. *Por que me casei logo agora, em um momento que a minha mãe vai precisar tanto de mim?*, pensava irrequieta. Mas, naquela ocasião de desespero, comecei a entender, de fato, o valor de um casamento. Qual é o verdadeiro significado de se unir em matrimônio a outra pessoa.

Marcelo foi muito generoso. Ele se colocou disponível, ao meu lado, por todo o tempo preciso. Ali, começava a nossa saga pelos hospitais, porque, quando era necessário, nós a acompanhávamos nas internações, nos exames, nas consultas. Desde os seus primeiros diagnósticos, foram dez anos de uma intensa e constante rotina hospitalar. Aquele foi o primeiro grande teste da nossa relação, porque estávamos começando uma vida a dois e, inesperadamente, nos vimos em meio a uma situação complicadíssima. Desde então, sempre que passo em frente a um hospital, eu peço a Deus que dê força e coragem para quem estiver lá dentro e agradeço a Ele por estar com saúde.

A DESCOBERTA DA DOENÇA DA MINHA MÃE TAMBÉM ME FEZ RETOMAR O CATOLICISMO.

Marcelo é judeu, então, eu havia me convertido ao judaísmo para nos casarmos. Durante um ano, antes da nossa cerimônia de casamento, que foi celebrada sob os ritos judaicos, fiz a minha conversão, que consistiu, basicamente, de aulas sobre os preceitos da religião judaica, seguidas de uma entrevista com rabinos e um batismo. Após aqueles ensinamentos recebidos, eu estava vinculada ao judaísmo, mas, diante da notícia do câncer de minha mãe, voltei a rezar com fervor para Nossa Senhora Aparecida. Foi um ato instintivo. Pedi por ela em sua fonte espiritual, Nossa Senhora – por quem minha mãe nutria imenso amor.

No catolicismo, me senti mais confortável para pedir por sua cura e fazer as minhas orações, o que me deu mais conforto para passar por aquele período. Imediatamente, conversei com Marcelo para explicar algo que era muito maior, a minha fé, e, de comum acordo, resolvemos que seguiríamos os preceitos judaicos para a educação de nossos filhos, a despeito de minha opção religiosa. Para a nossa relação, aquele entendimento foi importante. O fato de Marcelo ter acolhido as minhas questões espirituais foi muito significativo. Aquele gesto era mais um sinal de respeito, equilíbrio e conciliação entre as diferenças de um casal. Mais um exemplo do quão vivo e dinâmico é o nosso relacionamento.

FORÇA PARA VIVER

Após dois longos e difíceis anos de tratamentos com quimioterapia, cirurgias, radioterapias, entre outros procedimentos, conseguimos, felizmente, ter três anos de descanso e esperança, porque naquele período a sua doença não se manifestou e acreditamos que ela estivesse curada. Estávamos enganados. Fomos surpreendidos por péssimas notícias após a realização de um exame de rotina, momento em que um novo tumor foi detectado, um nódulo em seu fígado.

Ano a ano, essa doença atacou o corpo de minha mãe com violência. Mesmo assim, ela manteve a positividade, a sua força de viver. Ela tinha uma atitude e um pensamento objetivo e os deixou sempre muito explícitos às equipes médicas que a acompanharam. Em determinada ocasião, em uma consulta com alguns profissionais da área de saúde, ela foi enfática: "Tenho certeza de que essa doença não irá me levar. Então, quem estiver aqui, nesta sala, e não acreditar nisso, pode sair". Esse era o seu comportamento. Ela mantinha a sua esperança inabalada e sabia que venceria os obstáculos.

Minha mãe era uma pessoa de muita fé e muito otimista. Enquanto esteve viva, essa sua maneira de ser foi fundamental para a família se manter unida em prol da sua recuperação, pois nunca nos cansamos de procurar por uma solução médica às suas doenças, afinal ela fazia o seu sofrimento parecer muito mais leve.

COMO A MINHA MÃE ERA BASTANTE ESPERANÇOSA, ELA CRIOU UM CONTEXTO EM QUE TINHA A CERTEZA DO SUCESSO DO SEU TRATAMENTO, MESMO TODO MUNDO SABENDO DA GRAVIDADE DA SUA CONDIÇÃO.

ACREDITAR

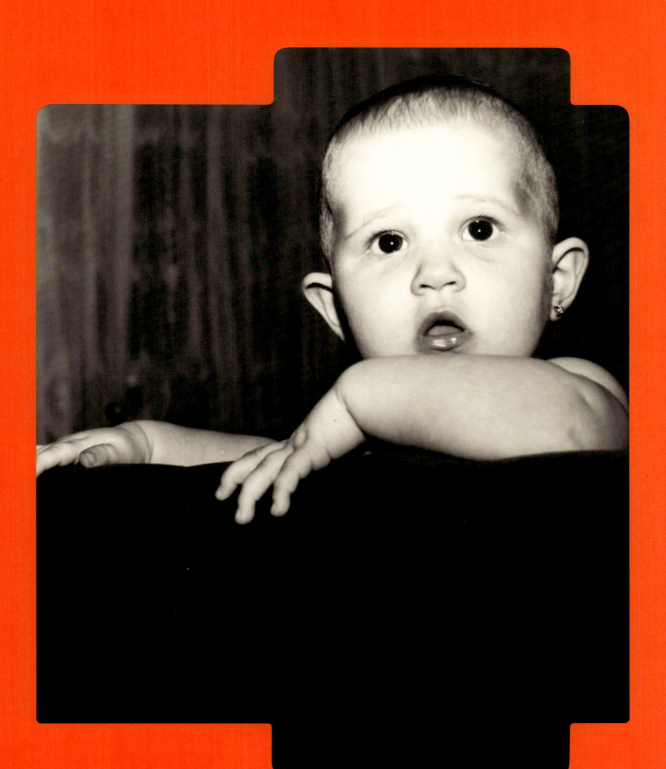

Eu fui uma criança atenta ao que me cercava.

Antes de irmos a qualquer uma de suas internações hospitalares, ela comprava chocolates para distribuí-los entre os funcionários do hospital, como uma forma de agradecimento. Em outras ocasiões, quando estava em quimioterapia, tendo de tomar remédios que provocariam fortes enjoos, ela mentalizava: *Este remédio que estou tomando vai me salvar. Este remédio vai me salvar.* Esse pensamento era estendido aos demais procedimentos e medicações aos quais ela era submetida.

Ao precisar de transfusões de sangue, invariavelmente, ela pedia às enfermeiras: "Por favor, traga o sangue mais 'potente' que vocês tiverem disponível, porque esse sangue vai me ajudar. Por favor, traga o sangue mais forte. Ele vai me salvar". Assim, ela demonstrava confiança nos tratamentos. Para ela, todos aqueles procedimentos a salvariam. Com aquela atitude, nos sentíamos contagiados por seu otimismo, e a gravidade da sua doença pesava menos; por isso não queríamos estar rodeados de quem não acreditasse na sua recuperação.

A VIDA SEGUE

Eu estive ao seu lado por todo o tratamento. Aquela foi uma relação muito profunda e, diariamente, aprendi o valor de vivermos cada dia de forma positiva, olhando confiantes para o mundo.

Mesmo com todos os prognósticos negativos, ela nunca desistiu de acreditar na cura. Tenho a certeza de que, se a nossa família não tivesse passado por todo o seu tratamento, nossa relação seria diferente, não seríamos tão ligados quanto somos, nem nos importaríamos tanto uns com os outros.

Em 2009, após dez anos de idas e vindas da doença e diversos tratamentos e internações, minha mãe tomou uma decisão, optou por fazer uma cirurgia no aparelho digestivo em mais uma tentativa de eliminar o câncer. A cirurgia durou vinte e duas horas, mas, por conta da toxicidade dos medicamentos que ela havia tomado ao longo do tratamento, ela teve dificuldades no pós-operatório, principalmente na cicatrização da cirurgia. Por seis meses, ela teve seguidas hemorragias internas. No começo, eram mais espaçadas, mas, com o passar das semanas, ficaram frequentes, o que a fazia entrar e sair do hospital constantemente.

Em sua última internação em uma Unidade de Tratamento Intensivo (que se arrastou por duas semanas), foi constatada uma das suas mais graves hemorragias. O sangramento era muito intenso. Apesar da gravidade de seu estado de saúde, seu corpo resistia e ela ainda demonstrava o desejo de se manter viva. Contudo, em determinada ocasião daquele processo, foi como se o seu organismo dissesse "basta". Ele sucumbiu diante dos anos de invasivos processos clínicos, das inúmeras aplicações de quimioterapia, das medicações extremamente fortes. Resultado: o coração não aguentou mais e parou de bater.

Para mim, ficou evidente que até na hora da sua morte a sua força continuou nos unindo, pois ela nos apoiou para enfrentarmos a sua falta e seguirmos compartilhando nossas vidas. Por mais que nós a amássemos, tivemos de aceitar a sua partida e seguir pelo simples fato de que as nossas vidas continuariam. Isso nos mostrou como tudo caminha e se desenvolve quando olhamos para frente.

Em seu momento final de vida, abrimos espaço para o espiritismo em nossa rotina. Para ela, foi reconfortante ter entrado em contato com a obra de Zíbia Gasparetto. A leitura dos livros facilitou a aceitação do câncer e a fortaleceu para enfrentar momentos de tanta dor, incerteza e desorientação. O espiritismo a ajudou a seguir em seu caminho com mais tranquilidade.

SEM LAMENTAÇÕES

Ter acompanhado a minha mãe por dez anos em seus tratamentos me fez encarar a vida de forma diferente. O câncer dela me transformou, mas não de uma maneira negativa. Eu preciso descobrir o lado positivo dos acontecimentos. Entendo que sempre há algum aprendizado nas situações vividas que é decisivo à nossa evolução.

Acredito que, por ter nascido como a filha do meio, tive algumas características de mediação e conciliação. Ao longo dos anos e da minha carreira profissional, porém, mudar esse comportamento foi fundamental. Para ocupar o meu espaço no trabalho, precisei lutar duplamente para provar os meus merecimentos, afinal, eu era filha dos donos da empresa, e a desconfiança para com a minha capacidade profissional era frequente.

Como o setor farmacêutico ainda é dominado por homens, tive de provar a minha competência sendo mulher. A todo momento fui desafiada (ainda sou). Mas, a despeito de qualquer uma das minhas características, nunca duvidei do meu potencial. Muito cedo, entendi que, se quisesse ascender profissionalmente, precisava acreditar em mim e sempre acreditei. Eu tinha a certeza de que era capaz e iria conquistar o que desejava. Enfrentei as dificuldades com firmeza e confiança, até porque acredito que problema é para ser resolvido, não é para se conformar com ele.

Ao longo dos anos, e acompanhando o tratamento da minha mãe, a família se uniu ainda mais. A gente se conheceu melhor, testamos nossas forças, percebemos nossas fraquezas e pudemos nos ajudar. Por isso, não tenho dúvidas em afirmar que, seja qual for a situação, vou olhar para ela por um ângulo positivo. Vou entender quais são os possíveis aprendizados e, mesmo que não os identifique, vou acreditar que o que acontecer comigo tinha de estar acontecendo por algum motivo e que está me ensinando algo importante. Nada é por acaso, esse é um modelo mental e nele reside o meu entendimento sobre a fé.

EU TENHO ESSE PODER DENTRO DE MIM, DE ACREDITAR QUE É POSSÍVEL, QUE A GENTE PODE CONQUISTAR E SUPERAR AS ADVERSIDADES. ESSE PENSAMENTO ESTÁ LIGADO À GRATIDÃO, PORQUE, AO SER GRATA, AS SITUAÇÕES FICAM MAIS LEVES.

Quando se observa qualquer acontecimento na vida e se entende que ele é uma oportunidade de aprendizagem, essa atitude impulsiona você, ajuda-o a progredir e ser diferente. Somos reflexos do que vivemos, por isso, tenho a convicção da importância de olharmos com positividade para os acontecimentos. Esse comportamento molda e transforma a realidade. Particularmente, procuro descobrir o motivo de tudo o que acontece comigo e sempre me pergunto: "Mas por que isso é assim?".

Os fatos em minha vida não são paralisantes, os vejo como situações com as quais vou me relacionar e, a partir desse relacionamento, crio um caminho para existir apesar deles. Aqui estou falando de fé, de algo ligado ao fazer acontecer, e, para mim, as mulheres estão muito conectadas com essa dinâmica.

TEM UMA CARACTERÍSTICA QUE CONSIDERO UNIVERSAL PARA AS MULHERES QUE SE DESTACAM E VÃO BEM NA VIDA. ELAS ACREDITAM EM SI.

Mulheres de sucesso não esperam a validação do outro. Naturalmente, a gente enfrenta tantos obstáculos, as desconfianças são inúmeras, então não dá para esperar pela validação de alguém – até porque esse alguém (seja ele quem for) pode nunca nos validar e, se a gente viver esperando esse aceno positivo, a chance é grande de ficarmos só na espera.

Desse lugar de agir vem a importância do reforço às atitudes positivas. É preciso identificar e realçar os aspectos positivos do cotidiano, deixando de lado as questões negativas. Eu, por exemplo, as reconheço, mas não fico focada nelas, não dou muita importância, e esse comportamento é outro aprendizado da minha mãe.

DEVOÇÃO

A minha mãe era devota de Nossa Senhora da Medalha Milagrosa. Ela era extremamente fervorosa e pedia proteção à santa de modo contínuo. Tudo o que ela queria, qualquer coisa, ela pedia à santa. Se fosse tomar banho, pedia para a santa: "Tomara que a água esteja quentinha". Vendo aqueles inúmeros pedidos, em determinada ocasião, eu perguntei:

"Mãe, pelo amor de Deus, está louca em ficar pedindo para a santa desse jeito?". Ela me olhou e, como de costume, foi direto ao ponto: "Não tem problema, filha. Você tem de pedir à santa o que você quiser. Você pode pedir o que você quiser, quantas vezes desejar. Ela vai atender você".

Era como se ela me dissesse: "Filha, tenha fé. As coisas vão acontecer, e você vai conseguir realizar os seus desejos. Basta você ter consciência do que deseja e pedir com verdade e intenção". Aprendi a sua lição.

Há muitos anos eu ganhei uma imagem de Nossa Senhora, que até hoje me acompanha. Em determinado momento, ela quebrou, e as pessoas insistiram para que eu a jogasse fora, porque existe um entendimento de que santo quebrado deve ser descartado. Eu não penso dessa forma e jamais pensei em me livrar daquela imagem que me acompanha há décadas.

Ao vê-la quebrada, agi. Arrumei uma maneira de colá-la. Sobre ela, coloquei dois terços e a mantive em um lugar de segurança. Para mim, ela é um símbolo de proteção à minha família, à minha casa.

Quando decidi consertá-la, em vez de simplesmente tê-la jogado fora, entendo que tenho muito respeito por aquilo que traz valor à minha vida e, mesmo diante da adversidade, do inesperado, eu vou encontrar meios para consertar o que quebrou.

EU PODERIA TER JOGADO AQUELA IMAGEM QUEBRADA FORA, MAS COMO NÃO ERA A MINHA VONTADE, EU A RECUPEREI E PROJETO NELA A SENSAÇÃO DE QUE ELA CONTINUA PROTEGENDO A MIM E AOS MEUS.

Eu nunca tive esse momento "aha", no qual a vida se transforma, que tantas pessoas dizem ter vivido. Para mim, o que funciona é a construção de um caminho com erros e acertos, com tentativas bem-realizadas, outras nem tanto. É um processo que não vai acontecer da noite para o dia, pelo contrário, vai levar anos, e é preciso persistência para continuar. É preciso ter fé para acreditar que tudo vai dar certo, seja lá o que for esse certo.

A FÉ É UM DIFERENCIAL NA VIDA

Há décadas, o benefício da fé na vida das pessoas é tema de pesquisas nas universidades de todo o mundo. A própria Organização Mundial da Saúde (OMS), uma das instituições referência sobre estudos de saúde, aponta que a fé influencia a saúde física, mental e biológica. Alguns dos levantamentos da instituição concluíram que a crença tem uma função significativa em, por exemplo, diminuir os riscos de diabetes, doenças cardiovasculares, respiratórias, infartos, insuficiência renal e acidente vascular cerebral.

Aqui, no Brasil, entidades científicas de referência, como a Associação Paulista de Medicina, já publicaram textos em que afirmam o "poder" da prece para a recuperação de pacientes em tratamento contra o câncer. Essa é também uma visão compartilhada por trabalhos de investigação científica realizados em centros de educação de grande relevância, como no caso da linha de pesquisa da antropóloga Tanya Luhrmann, da Universidade de Stanford, nos Estados Unidos.

Em uma de suas publicações, *How God becomes real: kindling the presence of invisible others* (em português: *Como Deus se torna real: acendendo a presença de outros invisíveis*),[1] ela escreveu que "as práticas e narrativas religiosas podem criar mudanças profundas e positivas para as pessoas que as praticam".

Em seus estudos, Tanya chegou à conclusão do quanto à oração se assemelha às práticas da terapia cognitiva-comportamental, porque, ao orar por uma causa, a pessoa se concentraria mais em pensamentos positivos. "Ao expressar gratidão, a pessoa desvia a atenção do modo como as coisas estão dando errado para o modo como estão dando certo", disse ela.

É importante saber que a ciência, aos poucos, está comprovando algo que para mim é um diferencial e que pode beneficiar a tantos independentemente de sua origem e crenças. Preste atenção ao que você está pensando e com o que você está vibrando. Toda energia que você gera permanece em você.

[1] LUHRMANN, T. M. How God Becomes Real: Kindling the Presence of Invisible Others. Princeton: Princeton University Press, 2020.

MUDAR É POSSÍVEL, SEJA SEMPRE SUA MELHOR VERSÃO

03

É PRECISO TER CORAGEM PARA SE ENXERGAR COMO SE É, PARA SE ENTENDER E FAZER AS MUDANÇAS QUE TÊM DE SER FEITAS QUANDO O TEMPO DELAS CHEGA.

O meu caçula, Eduardo, nasceu em 20 de novembro de 2002. Com o nascimento dele, eu já estava absolutamente realizada em relação ao meu desejo de ser mãe. A maternidade tornou-se uma feliz realidade para mim em 1999, quando Juliana nasceu. Melhorou no ano seguinte, quando o meu filho do meio, Pedro, chegou; e tornou-se completa, dois anos depois, por Dudu. Ter tido três crianças tão próximas umas das outras deu trabalho? Com certeza. Minha vida mudou? Sim! Mas, apesar dos contratempos e das dificuldades naturais da vida como mãe, a relação com os meus filhos e os cuidados necessários que eles demandaram (e demandam) me trazem alegria e realização. Eu amo estar ao lado das crianças e acompanhar o crescimento de cada uma delas. O meu cotidiano tem muito mais sentido e preenchimento. Por isso, em 2013, estava certa de que fazia o melhor para mim quando naquele ano retirei o útero.

Falar sobre esse assunto tão íntimo pode parecer estranho para certas pessoas, mas eu sinto que compartilhar esse fato pode ajudar algumas mulheres que têm medo da histerectomia (retirada do útero), por acreditarem que vão ser menos mulher por conta dessa condição. Com certeza, não irão. Antes da minha cirurgia, eu também me questionei, me perguntei como seria e foi exatamente uma amiga que, em uma conversa, me deu elementos suficientes para eu decidir que havia chegado o momento de passar por aquele procedimento cirúrgico. E, sim, o fato de eu já ser mãe facilitou a decisão.

Quando estava em dúvida sobre a operação, procurei por essa minha amiga que já havia se submetido ao procedimento e continuava supergata, linda, cheia de energia e feminilidade. A imagem dela acabava com aquela ideia de que fazer histerectomia deixava as mulheres "secas", com aparência de mais velhas, com a pele sem brilho – situações que muitas temem.

Desde a adolescência, tive um intenso fluxo menstrual, e, em certos momentos, aquela situação era muito incômoda, porque as cólicas eram muito fortes, o fluxo descia com bastante força. Era comum eu precisar pedir licença de onde estava e correr para o banheiro a fim de me recompor. Era insuportável.

Então, aos 39 anos, dei um basta naquela situação. "Quer saber?! Não aguento mais isso." Procurei a minha ginecologista na época para que me orientasse, e ela apoiou a ideia, mesmo eu não tendo nenhum mioma ou qualquer outra condição mais aparente de comprometimento à saúde. Ela entendeu que a minha menstruação estava fora de um padrão de normalidade. Era excessiva e poderia me levar a um caminho de adoecimento.

Além do mais, eu tinha um histórico familiar preocupante, devido ao câncer da minha mãe. Silenciosamente, aquele passado me assombrava. Eu nunca fiz reposição hormonal devido ao histórico de saúde da minha mãe. Até hoje, mesmo sem o útero, não tomo hormônios.

A sensação que tive, alguns meses após a cirurgia, foi a de ser uma das mulheres mais felizes do mundo. Com certeza, a retirada do útero foi um dos fatos mais importantes para o meu bem-estar, a minha autoestima e segurança.

É preciso ter coragem para se enxergar como se é, para se entender e fazer as mudanças que têm de ser feitas quando o tempo delas chega. A gente não pode simplesmente "empurrar com a barriga" a decisão de mudar. Esse comportamento é negativo, atrasa o nosso desenvolvimento e tira a chance das realizações.

Quem vive de reclamar contra os fatos, evitando as mudanças, as adequações, vai passar o resto da vida na reclamação, inadequado. O que é diferente da pessoa que opta por ser, de fato, feliz na vida, porque independentemente da situação que aparece, ela vai buscar o melhor para si, vai atrás da felicidade mesmo em uma circunstância adversa. É tão mais leve quando se leva a vida dessa maneira, buscando o lado positivo das situações, inclusive nos maus momentos. Esse comportamento tem um poder transformador e está aí para quem quiser usufruir dele.

TER A SEGURANÇA DE MUDAR E ACREDITAR QUE AS CIRCUNSTÂNCIAS LEVAM VOCÊ PARA UM CAMINHO MUITO MELHOR É LIBERTADOR.

Proponho a você um exercício bem simples. Ao acordar, agradeça ao dia que começa. Fale um simples "obrigada", ao abrir os olhos. Agradeça ao que ou a quem você achar importante. O fundamental dessa dinâmica é cultivar o hábito do agradecimento pelos acontecimentos para que internamente você possa mobilizar atitudes positivas.

Ser essa pessoa agradecida me fez perceber que, mais do que ter coragem para modificar as coisas, eu não tenho medo da mudança. Essa compreensão de que o novo não me amedronta, pelo contrário, me dá força, é crucial. Algumas mudanças são necessárias e impossíveis de serem evitadas, por isso, não ter medo facilita a tomada de decisão.

O medo é um sentimento importante, nos faz ter cautela, mas quando ele é excessivo, nos paralisa. E, particularmente, o medo não causa tanto efeito em mim porque sempre olho com positividade para as situações. Entendo o aspecto positivo da circunstância e é nisso que coloco o foco para agir.

ADAPTÁVEL

Estando à frente de uma das maiores empresas farmacêuticas do Brasil, não posso ser guiada pelo medo, pela incerteza, reclamação e insegurança. Eu preciso acreditar no que estamos fazendo e ser otimista para manter um ambiente de trabalho de respeito e produtivo, porque, afinal, a CIMED tem mais de cinco mil funcionários diretos. Não à toa, nosso propósito é levar saúde e bem-estar a todos. Isso não é uma jogada de marketing, não é uma frase de efeito.

Nosso DNA sempre foi o de oferecer qualidade de vida e bem-estar. Esse pensamento nos constitui como organização e, obviamente, é uma parte significativa de minha personalidade, assim como da nossa família, que fundou e está à frente da CIMED. A gente olha para o mundo com positividade, oferecendo o nosso melhor e querendo o melhor para as pessoas. Não somos apegados às conquistas ou aos fracassos.

Os pensamentos não nos prendem. Se percebemos que não está dando certo, a gente muda, vira a página e a vida segue.

EM MINHA FAMÍLIA, A GENTE VIRA A CHAVE PARA O PROGRESSO, PARA AS COISAS SEREM MELHORES. A ADAPTAÇÃO É UMA DE NOSSAS CARACTERÍSTICAS.

Eu sou extremamente adaptável, e essa condição a gente leva para o funcionamento da CIMED. Temos o poder de nos adequar às situações, e é assim a nossa gestão ao longo das décadas. Somos ágeis em perceber as mudanças e seguir com elas.

Quando a CIMED começou, ainda como um pequeno laboratório farmacêutico, em um prédio de poucos andares no bairro do Cambuci, zona Sul, da cidade de São Paulo, a gente tinha 20 funcionários, entre administrativo, produção e comercial. Naquele momento, entendemos que não adiantava desenvolver um produto qualquer para vender. Tínhamos de oferecer o que as pessoas estavam procurando. Aquela estratégia comercial foi fundamental para gerarmos solidez nos negócios.

Outro ponto importante da nossa gestão naquela época era o trabalho em equipe. Como éramos poucos profissionais, fazíamos tudo. Precisávamos estar unidos e com os objetivos muito definidos para avançarmos.

A união dos coloaboradores e o desenvolvimento de produto necessários ao mercado são duas características que, até hoje, estão preservadas como um valor de gestão na CIMED.

A gente continua desenvolvendo produtos que vão ao encontro da necessidade dos consumidores e temos um forte senso de trabalho em grupo. Fazemos questão de transmitir esses valores por nossas ações, porque acreditamos na liderança pelo exemplo.

RESPEITO

Como uma das gestoras da empresa, a todo momento, estou envolvida com alguma situação que precisa de uma tomada de decisão assertiva que vai impactar a vida de muita gente. A reestruturação do quadro de funcionários é uma dessas situações. Tanto a admissão quanto o desligamento de profissionais são atos necessários de tempos em tempos.

No caso da admissão, ela tanto gera expectativa para quem entra quanto para quem já é parte do quadro de colaboradores, devido às novas configurações que se formam das equipes. Às vezes, há um estranhamento natural com essa nova formatação causado pela falta de intimidade entre os profissionais. Essa expectativa requer gerenciamento e suporte para deixar tudo mais fluido.

Já a demissão é algo que traz muitas incertezas, principalmente para quem se vai, afinal, todo um cotidiano está sendo modificado e, nesse momento, olhar com positividade para os acontecimentos é necessário, por mais contraditório que pareça ser. Essa é a hora de não ter medo do incerto, porque quem está na vida a partir do medo e da reclamação pode gerar um grande trauma para si.

NA CIMED, CUIDAMOS DE PESSOAS COM O NOSSO TRABALHO, POR ISSO, É EXTREMAMENTE IMPORTANTE QUE A GENTE CUIDE DE QUEM TRABALHA CONOSCO.

Um processo demissional é como terminar um casamento, a gente fica nervoso pelo fim e envolve tantas coisas. Quem vai embora precisa entender o que vai fazer no dia seguinte ao acordar, afinal, a pessoa sai da cama e não vai mais trabalhar. O que ela vai fazer? Como falar com a esposa ou o marido sobre o fato de estar sem emprego? Como vai honrar os compromissos financeiros? Esses questionamentos fazem muito barulho no pensamento de qualquer um, tumultuam. Por isso, é preciso respeito, atenção e acolhimento com o processo do outro.

Em minhas falas com quem está sendo desligado, eu insisto sobre o fato de que há perspectivas. É preciso respirar, ter calma e tentar não se desesperar. Na vida, a gente não pode esquecer de manter as portas abertas. Em um dia você demite alguém, no outro contrata novos profissionais e, assim, seguimos com transparência. Essa é uma dinâmica do universo empresarial. É preciso ter respeito.

São nos momentos de fragilidade que a gente realmente entende o que é cuidar de pessoas, porque dizer que cuida de gente quando tudo está bem, quando as cotas estão sendo batidas é muito fácil. O desafio é dar atenção e saber conduzir a situação quando ela já não é mais favorável.

Ao mesmo tempo, é preciso compreender que vivemos de resultado, independentemente do setor profissional de atuação. Na fábrica, por exemplo, temos linhas de produção e precisamos entregar números. Os recursos estão fornecidos e o que se espera é ver o resultado da entrega. Se isso não acontecer, a modificação das atividades é necessária e, se for o caso, fazer as devidas substituições dos profissionais. Essa é uma condição objetiva.

É preciso lembrar que a relação trabalhista estabelecida no Brasil a partir da CLT é um contrato de trabalho. Há a contratação mediante uma remuneração e a expectativa pela entrega de determinada atividade. Aquele profissional está sendo remunerado para aquele fim e, se ele não acontece, a relação de trabalho deve ser repensada. É uma ligação de confiança e, mais uma vez, como exemplo, eu me remeto à relação de um casamento. Tem um valor muito forte de confiança, de empatia, de reciprocidade. Esses são alguns dos valores do jeito CIMED de ser que estão em nosso sangue amarelo. Nesse contexto, eu acredito contribuir com algo muito forte da minha característica.

Sempre encarei objetivamente as questões que são entendidas como problema. Se existe alguma situação que precisa ser resolvida, eu não espero um segundo para agir. Procuro resolvê-la da melhor e mais rápida maneira possível. Na vida, a gente sempre vai ter algum problema, é impossível fugir dessa condição. Aliás, os problemas podem até aparecer com certa frequência. A questão, contudo, não está no surgimento deles, mas, sim, em como se interage com eles. Como eles serão tratados.

Entendo que, quanto mais tempo se passa para tomar uma decisão, mais se deixa para o dia seguinte o que pode ser feito no hoje. Portanto, a situação só tende a ficar mais complicada. Os problemas precisam ser tratados com atenção, respeito e transparência. Uma dificuldade, entendida como problema, deve ser vista como algo desafiador. Diante de um desafio, nossa atitude se modifica. Em geral, a gente tende a resolver a questão exatamente por termos sido desafiados. Enquanto a dificuldade, em muitos casos, apenas nos paralisa. A gente acaba sem estímulos para resolvê-la.

EU GOSTO DE REALIZAR.

Sinto muito orgulho de onde cheguei profissionalmente e tenho a noção do tamanho de minha responsabilidade em ser vice-presidente de uma empresa grande como a CIMED. Ninguém me deu essa posição "de mão beijada". Tive, como tenho a todo instante, que

demonstrar a minha competência. De certa forma, o fato de ser filha do fundador da empresa colaborou para que os olhares de cobrança em cima do meu trabalho fossem maiores, no entanto, nunca me paralisaram, pelo contrário, me desafiaram a buscar o meu melhor. O setor farmacêutico é muito machista. Ainda há poucas mulheres em cargos de liderança, com isso a posição que hoje ocupo faz com que eu seja referência e exemplo para muitas — o que me traz mais responsabilidade para crescer e contribuir com o desenvolvimento das pessoas.

EVOLUÇÃO

Além da minha posição profissional, sinto imenso orgulho de ter construído minha família. Sou casada com um homem que é companheiro, que está ao meu lado incondicionalmente, me incentivando; e de nossa relação nasceram três lindos filhos. Minha alegria transborda quando falo sobre essa situação. Sempre sonhei com ela e fiz por onde para que acontecesse. Essa condição, aliás, é algo que não quero modificar. Aquilo que é importante para mim, eu não permito que mude, e a minha relação com Marcelo é um exemplo disso porque ela dá muito certo.

EU AMO SER BEM-CASADA.

Muitas pessoas depois que se casam deixam a rotina acabar com o relacionamento construído. Vivem com uma falsa sensação de que o casamento fica paralisado em determinado momento da relação. Isso simplesmente não acontece. A vida muda a todo instante, a relação também. Por isso, é preciso manter vivo um constante alinhamento de intenções com seu parceiro. É preciso saber cuidar do outro, e esse cuidado deve ser diário, do contrário, a chance de o casamento desandar é grande.

Quando penso em mudar algo, vou agir para que mude para melhor, que traga valor para a situação. A minha mudança tem a condicional da evolução, no sentido de melhorar. Então, tudo aquilo que identifico que posso melhorar, vou buscar formas para mudar.

Além da minha profissão e da construção da minha família, sinto muito orgulho das relações fraternais que estabeleci. Tenho amigos-irmãos, confidentes. Pessoas que seguem comigo ao longo da caminhada. A gente segue junto se apoiando. Agora, entendo que é possível estender ainda mais essas relações. As redes sociais me fizeram perceber a importância de compartilhar, cada vez mais, com mais gente, essa maneira positiva de estar na vida, de cultivar um comportamento otimista.

A cada dia, me surpreendo com o poder transformador e inspirador que podemos exercer quando falamos a nossa verdade. Quando a gente deixa as pessoas conhecerem os nossos valores e a nossa visão de mundo.

Muita gente se contenta com muito pouco, associa ambição a algo ruim e sempre a coisas materiais. Isso é um erro. É importante que as pessoas percebam que a vida é muito mais do que trabalhar, voltar para casa e tomar uma cervejinha nos finais de semana. É muito bacana proporcionar um ensino de qualidade para os seus filhos, fazer viagens por lugares desconhecidos, entrar em contato com outras culturas, diferentes olhares sociais. A vida é muito diversa e cheia de possibilidades. Tendo a noção disso, um dos meus desafios agora é o de abrir o mindset das pessoas para as múltiplas oportunidades que estão ao nosso redor. Elas podem ser usufruídas por todos, independentemente de classe social, gênero ou condição financeira.

Aproveitar o novo, o diferente, requer uma atitude, uma ousadia no jeito de se comportar, mas, para isso acontecer, é preciso sair do conformismo, deixar de lado a visão pessimista sobre as circunstâncias. O ser humano tem um potencial gigantesco de crescimento.

MUDAR É MOVIMENTO

A mudança é algo que vem sendo refletido por diversos estudos do comportamento há décadas. A psicologia, por exemplo, tem várias investigações sobre a necessidade humana de mudar. Em seus estudos, o PhD Benjamin Hardy, psicólogo organizacional e especialista em Psicologia da Liderança Empreendedora e Crescimento Exponencial, reflete sobre o quanto as pessoas se equivocam por achar que não podem mudar algumas das características de sua personalidade. Para Hardy, o primeiro passo para a mudança é acreditarmos que, sim, podemos nos modificar. Essa afirmação relaciona-se a outras análises que apontam que a vontade – ou seja, o desejo – é a condição básica para as pessoas se transformarem; mas essa mudança não é uma bala de prata, não ocorre de uma única vez, ela é um processo gradual, que acontece ao modificarmos pequenos hábitos. Lembra-se do exercício de agradecer todas as manhãs ao acordar?! Essa é só uma evidência de que persistir em uma atitude traz mais positividade à vida. A ação muda tudo, e temos a capacidade de agir; e, uma vez que eu mudo, o meu mundo muda comigo.

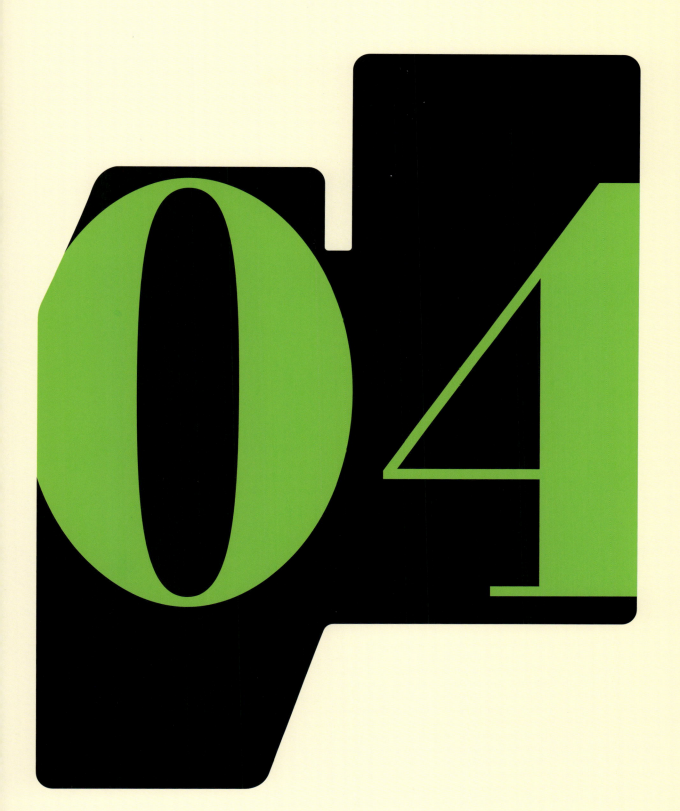

UM CAMINHO PARA A REALIZAÇÃO PESSOAL

04

TER DISCIPLINA É ESTAR PRESENTE, ATENTO E SER VIVO TODOS OS DIAS.

Ao começar a escrever este capítulo, a minha ideia inicial era a de refletir sobre o valor da motivação em minha vida. Esse é um tema que falo sempre em minhas redes sociais.

É fundamental na vida termos motivação, que é, inclusive, um dos principais fatores pelos quais a gente sai da cama todas as manhãs. Mas, quando comecei a pensar em como falar sobre esse tema, percebi que refletir sobre a importância da disciplina seria mais significativo, pois a disciplina é a maneira como damos forma à nossa motivação.

Ninguém conquista nada sendo preguiçoso, deixando para resolver em outro momento o que tem de ser feito no agora. Essa é uma questão, no mínimo, de bom senso, mas, infelizmente, muitas pessoas ainda têm dificuldade para perceber essa situação. A meu ver, elas não compreendem a importância desse fato, porque não entendem o valor da disciplina em suas vidas, por mais evidente que seja essa conclusão.

Sermos disciplinados é essencial para termos sucesso em nossos planos, para conquistarmos nossos objetivos. Porém, é interessante entender que a disciplina vai muito além da obediência das regras, de ter uma postura rígida diante dos acontecimentos. Essas questões fazem parte de um conceito mais amplo.

A disciplina tem a ver com o estar presente, por inteiro, no momento em que se vive. A gente está vivo, e estar vivo é estar atento, é se sentir, é observar o outro, prestar atenção no contexto e nos acontecimentos. Em outras palavras, nós, de fato, estamos onde o nosso corpo está.

No meu caso, eu levo atenção a tudo o que estou fazendo, e essa característica me ajuda a resolver muito mais facilmente as situações nas quais estou envolvida. Tenho desenvolvido essa habilidade ao longo da vida e aprendi isso com meus pais. Aliás, ser disciplinado é um jeito Marques de ser. Nossa família tem muito forte essa característica, e, em certa medida, meu irmão, João Adibe, traduziu muito bem essa nossa maneira de ser quando ele fala que é preciso ter ritmo, rotina e ritual. Nossos pais nos ensinaram, na prática, o quanto só temos a ganhar agindo assim, porque no fundo essa afirmação fala sobre a necessidade de sermos disciplinados.

A DISCIPLINA NOS AJUDA A MANTER A NOSSA SAÚDE EMOCIONAL, FÍSICA E MENTAL.

Muitas vezes, as pessoas se prendem ao conceito do valor da motivação em seu dia a dia, mas, no final das contas, o resultado das nossas ações só vai surgir quando somos disciplinados, quando a gente está disposto a criar uma rotina em que o fazer seja um dos protagonistas dos nossos dias.

Quando a gente pensa sobre emagrecer, é muito fácil demonstrar o valor da disciplina. Sem uma rotina definida de alimentação e atividades físicas, sem um ritmo para executar essas tarefas e sem um ritual para acompanhar a execução desse processo, não se emagrece. É simples assim.

Se eu quero emagrecer, eu preciso dormir bem, preciso me alimentar de maneira balanceada e tenho de mexer o meu corpo para queimar calorias. Isso não é novidade para ninguém. Sem essas condições básicas, não existe dieta milagrosa ou algum remédio que dê conta de eliminar os quilos extras. Então, pode haver um motivo para esse emagrecimento, mas, a despeito da razão – seja ela saúde, estética, bem-estar –, o objetivo da perda de peso só vai ser atingido com disciplina. E essa regra, por assim dizer, se estende a todos os âmbitos de nossa vida.

Meu pai, por exemplo, como empresário, era um homem prudente. Ele mantinha a sua atenção aos acontecimentos do dia. Para ele, as suas resoluções e o planejamento empresariais aconteciam diariamente. Essa característica levou a CIMED a um crescimento orgânico, muito mais sustentável e, a longo prazo, estabeleceu uma situação positiva para o andamento dos negócios, fazendo com que a nossa gestão seja muito mais objetiva e sem excessos, porque estamos sempre operando com atenção. Essa condição nos propicia estarmos em um constante estado de alerta. A gente não descuida um minuto sequer do trabalho, o que gera a nossa agilidade.

Na CIMED, uma das nossas qualidades está na rápida percepção dos acontecimentos e na consequente ação a partir do que foi percebido; e como agimos rapidamente corrigindo rotas, sugerindo novos caminhos, potencializamos o aproveitamento de toda e qualquer situação, por isso, estamos em permanente transformação.

Quando as surpresas aparecem, estamos atentos e vigilantes às circunstâncias para agirmos. Essa maneira de se comportar está presente em todos os departamentos da empresa. Diante de um fato, observamos o que está acontecendo, entendemos como a situação se encaixa em nosso momento e colocamos em curso uma ação efetiva. Isso é assim na empresa, isso é assim em minha vida particular.

Um dia uma amiga se recordou de algo que eu havia dito a ela muitos anos atrás que tem a ver com a identificação dos problemas e a consequente ação para uma rápida resolução.

Ao conversarmos em um jantar, ela me lembrou de que, quando os meus filhos ainda eram pequenos, eu havia lhe dito que lá em casa não tinha essa história de criança acordar de mau humor e passar o dia de cara emburrada. Na hora em que eu identificava que algum deles estava mal-humorado, eu ia entender a razão daquele sentimento para encontrar caminhos e resolver a questão. Eu agia daquela maneira porque não havia a menor possibilidade de eu ter crianças que fossem mal-humoradas. Por qual motivo, afinal, eles teriam mau humor se tinham saúde, oportunidade e estrutura em casa?

NINGUÉM É FELIZ, ESTAMOS FELIZES

Sou uma pessoa feliz por qualquer coisa que aconteça em meu cotidiano. Tenho a disciplina de agradecer todos os dias por tudo aquilo que parece mais trivial. Sempre costumo agradecer a Deus quando acordo e vejo um céu azul bonito. Sou feliz por despertar com saúde; sou feliz por sair da cama e ter a possibilidade de trabalhar e me sentir produtiva. Eu penso a todo instante no aspecto positivo do que me cerca. Afinal, a vida de todos nós é feita de coisas simples, dos pequenos momentos.

Existem os grandes acontecimentos que merecem ser celebrados? Sim, eles existem, mas em comparação com as bênçãos cotidianas mais comuns, eles são muito poucos. Dá para contar nos dedos, ao longo de um ano.

AO ENTENDER QUE A GENTE PODE CELEBRAR E FICAR FELIZ COM O COTIDIANO, A GENTE TEM MAIS CHANCE DE AMPLIAR A FELICIDADE, QUE É UM ESTADO DE ESPÍRITO. NINGUÉM É FELIZ, NÓS ESTAMOS FELIZES.

Meu raciocínio funciona desta maneira para qualquer coisa: "Nossa, que bom que eu posso fazer ginástica. Estou fazendo ginástica porque eu estou bem, meu corpo está bem, consegui acordar cedo, estou cuidando da minha aparência e saúde, tenho disposição".

Ao longo dos anos, entendi que, sendo grata por todos os pequenos momentos da minha vida, eu me tornei uma pessoa mais realizada, e a gratidão tornou-se algo automático em meu comportamento. Por isso, o estado de alerta com o qual trabalhamos na CIMED não é algo conflituoso ou um motivo de desavença, afinal, trabalhamos na empresa a partir do coletivo.

Em nossa gestão, quando estamos nas reuniões de diretoria, em reuniões de alinhamento e de planejamento, buscamos a concordância unânime entre as pessoas. A gente só segue adiante quando todos os presentes estão de acordo com o que está sendo decidido.

Essa maneira de agir está ligada a outro valor da família Marques, que também levamos para nossa empresa, o poder do não.

Para todos nós, o poder do não tem um papel fundamental em nossas vidas. Entre outros aspectos, ele estabelece limites, cria prioridades, nos leva à reflexão, ao foco e à determinação.

Ao dizer "não", o outro terá de encontrar maneiras de fazer valer o seu ponto de vista. Vai se esforçar para identificar saídas e contornar a situação. Dessa maneira, colocará à prova as suas ideias, as suas ações. Consequentemente, haverá uma priorização de atitudes. É preciso desenvolver o foco e a concentração para agir e alinhar os seus projetos aos seus valores e objetivos. Assim, sua energia do fazer fica preservada, evita a dispersão.

O PODER DO NÃO ESTABELECE LIMITES SAUDÁVEIS DE AÇÃO E FACILITA O ALINHAMENTO DOS VALORES.

Contudo, isso não significa que a gente não entre em conflito. Os conflitos sempre vão existir, mas não os levamos para o lado pessoal. Os tratamos com objetividade. A gente não vai entrar em conflito porque o outro está indicando alguma inadequação pontual nas atividades profissionais. Pelo contrário, quando essas falas ocorrem, a gente aumenta a atenção aos processos e à performance de cada área da empresa, estabelecendo uma gestão enxuta, com mais resultado. Até porque a gente não tem essa história de culpar o outro se algo não saiu como o previsto. Lidamos com a situação, a partir do coletivo, o que, mais uma vez, reforça a importância da disciplina.

UM JEITO SIMPLES DE ME COMUNICAR

Na CIMED, uma das nossas motivações mais fortes é ampliar a nossa produção e venda para levar saúde e bem-estar às pessoas. Esse é o nosso propósito, e, para atingi-lo, a gente precisa da disciplina, da atenção cotidiana, da celebração, do agradecimento de cada pequena execução feita ao longo desse caminho.

Nosso propósito também nos deixa clara a importância de cuidarmos muito bem de todos os nossos custos porque, do contrário, não é possível oferecer um produto de preço tão acessível. Falar com objetividade sobre essas circunstâncias em meus canais de comunicação on-line amplia a minha percepção do impacto de nosso trabalho. Aliás, é impressionante o quanto estou aprendendo ao participar e expor a minha rotina pelas redes sociais. Eu percebo o quanto o meu olhar positivo para o mundo tem influenciado quem me acompanha ou quem, em algum momento, entrou em contato com o conteúdo que produzo.

É muito gratificante perceber que pessoas de todas as idades, gêneros, classes sociais têm se inspirado e modificado algumas atitudes pessimistas. Jamais pensei que falar sobre a minha vida, nas questões que para mim são tão normais, poderia surtir um efeito tão positivo para os outros. Percebo essa dinâmica nos mais diversos assuntos. Em alguns momentos, esse interesse explode, como quando falo sobre a importância de se ter uma vida sexual saudável. Acredito que isso acontece pelo meu jeito descontraído.

EU ME DIVIRTO FAZENDO AS PUBLICAÇÕES E MINHA FAMÍLIA E AMIGOS PARTICIPAM DAS POSTAGENS.

Um dia desses, Pedro, meu filho do meio, às 7h da manhã, "invadiu" um story que eu estava fazendo para corroborar comigo sobre a importância de consumir vitaminas. "Olha, vocês têm de tomar Lavitan como a minha mãe. A libido de vocês vai aumentar. Vocês vão ficar muito mais dispostas e 'safadinhas' como ela. 'Acabou' o problema de menopausa de todas vocês", disparou ele na "invasão". Demos muita risada juntos, falando sobre o assunto. De alguma maneira, essa comunicação mais simples e direta me aproxima das pessoas, porque elas sentem que sou de verdade. É uma comunicação espontânea.

Em minhas redes sociais, faço a comunicação à minha maneira, de uma forma descontraída. Daí, não ser nada incomum os meus filhos "invadirem" as minhas gravações de conteúdo para as redes sociais. Eles fazem parte do meu cotidiano e temos um convívio muito próximo tanto em casa quanto na empresa.

A VIDA FICA MAIS LEVE QUANDO AS PESSOAS PERCEBEM QUE PODEM SE DIVERTIR TODOS OS DIAS. É POSSÍVEL SER ESPONTÂNEO SEM SE ESQUECER DAS RESPONSABILIDADES.

As redes sociais ampliaram de forma inimaginável, para mim, a quantidade de pessoas com as quais me relaciono. Eu sempre estive presente e ao lado de quem convive comigo. Na empresa mesmo, uma vez por semana, eu vou à fábrica, em Pouso Alegre, interior de Minas Gerais. Nessas ocasiões, qualquer funcionário tem acesso a mim. Quem quiser pode vir conversar, o que acontece com frequência. Sou parada nos corredores, no refeitório, nos laboratórios. Estou disposta a esse diálogo, outro ensinamento dos meus pais, que foram próximos a quem trabalhava conosco. O uso das redes sociais expande esse contato, e é interessante lembrar que eu também as utilizo de forma disciplinada. Eu crio momentos fixos, por exemplo, nas segundas tem as "Dicas da K"; no dia seguinte, é a "Terça na Fábrica"; tem ainda as quartas do "Desencalhando a tchurma com o Eduardo"; as "Quintas da Juju"; e "Pedro Sincero" acontece às sextas-feiras.

Sou grata ao aprendizado que encontro na fábrica da Cimed.

UMA INSPIRAÇÃO, COMANDANTE ROLIM

A CIMED cresceu junto aos seus clientes. As pessoas sempre foram extremamente importantes para a nossa organização. Cultivamos uma relação de respeito e atenção não só com quem usufrui dos nossos produtos, mas com funcionários e prestadores de serviços. A gente gosta de ouvi-los. Por isso, acho tão maravilhoso quando as pessoas me procuram nas redes sociais. Eu, de fato, leio todas as mensagens que me mandam. Tento responder na medida do possível e quando acredito que a minha resposta fará a diferença para quem está estabelecendo aquele diálogo comigo. Essa é uma comunicação sem filtros e rende frutos fantásticos. Eu já estive nessa posição de ser a pessoa que admira alguém, alguma empresa e entra em contato.

Nos anos de 1980, eu mandei uma carta para o comandante Rolim, fundador da TAM. Naquela época, não existia internet e o jeito de falar era enviando cartas. O comandante Rolim tinha uma ação de comunicação muito original e incentivava as pessoas a falarem com ele. Eu não tive dúvida, coloquei naquela carta os meus elogios e comentários sobre o assunto que gostaria de ter com ele. Me senti uma cliente ouvida, afinal, eu estava escrevendo para o fundador da empresa.

De alguma forma, o comandante Rolim é para mim uma fonte de inspiração desse relacionamento com as pessoas no âmbito empresarial. Ele me mostrou que a comunicação pode ser simples, e me comunico com essa simplicidade.

O VALOR DA DISCIPLINA

Tudo o que faço na CIMED acredito que vai dar certo. Essa também é uma maneira de estar na vida. Afinal, por que vou começar a fazer algo acreditando que pode dar errado? Ainda por cima, meu trabalho tem impacto direto na vida de mais de 5 mil funcionários. Não dá para brincar com as expectativas de tanta gente. Todos têm família e sonhos. Essa é mais uma evidência da importância da disciplina, de como ela é essencial para o alcance das metas estipuladas, o desenvolvimento de habilidades e a manutenção de uma rotina saudável. Não custa nada reforçar: quem é disciplinado está cuidando diariamente de sua saúde emocional, física e mental.

TER DISCIPLINA É SABER SE ORGANIZAR, É TER COMPROMISSO COM O OUTRO, COMPROMETIMENTO COM O TRABALHO. É IDENTIFICAR AS TAREFAS MAIS URGENTES, PERSISTIR E TER DIMENSÃO DOS DESAFIOS.

O gerenciamento do tempo torna-se mais simples quando se é disciplinado, um dos motivos é a priorização das atividades. Em outras palavras, não "empurrar com a barriga" aquilo que deve ser feito hoje. Consequentemente, a produtividade vai crescer, e não me refiro apenas à relacionada ao trabalho. Produtividade é algo presente em todos os campos da nossa vida. É fundamental para resolvermos as questões de casa de maneira mais eficaz, para podermos dar mais atenção ao marido e aos filhos, ter mais tempo para encontrar amigos, para se dedicar a outras atividades que não sejam da casa ou do trabalho. Com disciplina, a realização pessoal tende a ser mais plena.

Quem quiser desenvolver novas habilidades, ter uma alimentação mais saudável, praticar exercícios físicos regulares, cuidar da saúde mental e da vida sexual, ter algum crescimento pessoal precisa da disciplina como uma ferramenta aliada, pois ela é um valor intrínseco na vida das pessoas. Ouso ainda dizer que, sem a constante prática da disciplina, quase nada vai caminhar, porque ela nos permite enfrentar os desafios cotidianos, criar estratégias para superá-los e seguir.

No meu caso, ao ser disciplinada, eu reafirmo o meu otimismo, a visão positiva com a qual olho para o mundo. Eu sou uma pessoa de fazer, esse é um dos valores da família Marques. Sendo assim, a gente acredita que a disciplina (o ritmo, a rotina e o ritual) é o caminho para se fazer o que tem de ser feito. Quanto mais usamos e abusamos dela, mais focados ficamos, mais preparada nossa mente fica. Como não compreender tal característica como uma das qualidades fundamentais das pessoas?

Você pode até discordar de mim quanto à importância da disciplina nas nossas vidas, mas, ao discordar, lembre-se do valor que a disciplina tem para os atletas de alta performance. Todos eles só quebram recordes porque são absolutamente disciplinados. Eles treinam de modo incessante por um longo período para darem o seu melhor nas competições. Quem não consegue tamanha dedicação deixa de estar apto ao desempenho fenomenal de seu potencial. Todos nós podemos conquistar uma performance exemplar a partir das nossas capacidades, mas, com certeza, para atingi-la é preciso ter disciplina.

A DISCIPLINA TRAZ AUTONOMIA

Diversos são os estudos e as reflexões sobre a importância de se ter disciplina na vida. É comum encontrar esse tema como um reforço de instituições de ensino, como é o caso da Fundação Instituto de Administração (FIA), uma das referências de escola de negócios no Brasil. Em uma de suas pesquisas sobre a importância do planejamento e da disciplina na vida acadêmica, a FIA apontou que pessoas disciplinadas desenvolvem: foco, autoconfiança, capacidade de concentração, elevam a produtividade, o desempenho e estão mais aptas para aproveitar o tempo livre. Em outras palavras, a rotina em ser disciplinado faz a pessoa priorizar as suas atividades; e, ao ter um melhor aproveitamento de suas atividades, consegue mais tempo livre.

A LIBERDADE FINANCEIRA TRANSFORMA SONHOS EM REALIDADE

05

O EXEMPLO DA ATUAÇÃO PROFISSIONAL DA MINHA MÃE FOI FUNDAMENTAL PARA MIM, PORQUE PERCEBI QUE ERA POSSÍVEL SER O QUE QUISESSE, QUE PODERIA PERSEGUIR OS MEUS SONHOS E REALIZÁ-LOS.

Desde a primeira vez que decidi escrever um livro, pensei que deveria estruturar os seus capítulos pelos temas que considerasse importantes, além de refletir sobre os assuntos que abordo em minhas redes sociais e no meu dia a dia na CIMED. E, dentre todos os possíveis assuntos de minha reflexão, tenho um particular interesse pela importância da liberdade financeira, o motivo deste capítulo.

A liberdade financeira nos traz autonomia, como consequência, mais segurança e sentido de pertencimento. Ela facilita a estruturação de um planejamento para a conquista de nossos objetivos. Lidamos melhor com situações de estresse e, potencialmente, temos mais chances para ampliarmos a nossa qualidade de vida.

A LIBERDADE FINANCEIRA NOS CAPACITA A VIVERMOS CONFORME NOSSOS DESEJOS E VALORES.

Este assunto torna-se ainda mais relevante quando envolve as mulheres. Vivemos em uma sociedade com significativos e graves exemplos de discriminação de gênero, o que é inaceitável, pois a liberdade financeira deve ser determinada pelas ações individuais, habilidades, oportunidades e escolhas, não pelo fato de sermos mulheres ou homens. Eu, por exemplo, conquistei o meu espaço e tive de trabalhar muito para tê-lo, e um dos fatores decisivos nessa caminhada foi o exemplo da minha mãe, que, além de ter sido uma excelente mãe e esposa, foi uma mulher que trabalhava fora de casa. Tê-la como modelo foi crucial, porque percebi que era possível ser o que quisesse e que poderia ir atrás dos meus sonhos e realizá-los.

Ela e meu pai fundaram a nossa empresa, e essa situação, sem dúvida, facilitou a minha entrada no mercado de trabalho. Por outro lado, esse fato me obrigou a demonstrar a minha competência a todo o momento. Precisava demonstrar o meu valor profissional continuamente. De certa forma, os olhares para com o meu trabalho sempre foram céticos, ou de cobrança, porque havia a possibilidade de as pessoas pensarem que eu estava onde estava por ser filha de quem eu era. Esse pensamento nunca me paralisou ou me fez perder a consciência do meu valor profissional e pessoal, pelo contrário, ao me sentir desafiada me esforcei muito mais para superar os possíveis pensamentos negativos.

Sigo o meu caminho como a minha mãe seguiu o dela, dedicada e comprometida com o que me propus a realizar assim como ela também o fez, fosse como mãe, irmã, esposa ou profissional. A cada dia, busco realizar o melhor que posso em todos os aspectos da minha vida.

Os desafios são muitos e falar sobre eles estabelece uma conexão com todos ao meu redor, seja para quem me acompanha pelas redes sociais ou para quem, por algum motivo, buscou esta leitura interessado em conhecer um pouco mais sobre a minha vida pessoal ou sobre a minha trajetória profissional e a maneira como reflito sobre os acontecimentos de forma verdadeira, falando de modo claro sobre as adversidades.

UM EXEMPLO

Eu acredito mesmo que as mulheres devem procurar por mais oportunidades profissionais, mas compartilho que nós mulheres só conseguimos o nosso lugar ao sol no âmbito profissional com vontade, coragem, presença e protagonismo. Todas nós devemos nos empoderar e sermos livres financeiramente, mas essa não é uma questão exclusiva de um gênero, os homens também devem buscar o próprio espaço.

TEMOS O DIREITO DE OCUPAR POSIÇÕES DE DESTAQUE E DE SERMOS OUVIDAS. PRECISAMOS BUSCAR ATIVAMENTE ESSES ESPAÇOS, ENFRENTAR OS DESAFIOS E ACREDITAR EM NOSSA CAPACIDADE DE LIDERAR E CAUSAR IMPACTO.

Conquistar o meu espaço me ensinou que não há limites para o que posso alcançar ou desejar, e, assim como os meus pais foram a minha inspiração, tento desempenhar esse mesmo papel inspirador para os meus filhos.

Ao compartilhar minha história e encorajar outras mulheres a buscar o seu lugar na vida, posso ser parte de uma mudança positiva. É uma jornada de empoderamento e igualdade, na qual cada uma de nós tem um papel a desempenhar.

Podemos, sim, derrubar barreiras, superar estereótipos e construir um mundo onde todas ocupem o lugar que desejem ocupar e que suas histórias de sucesso possam servir de inspiração umas para as outras. É assim que tento ser para a minha filha Juliana, um exemplo.

Não há razão para duvidar dos incríveis potenciais das mulheres em qualquer âmbito da vida. Essa certeza, contudo, tem de partir de nós mesmas, de nada adianta esperar o reconhecimento do outro para agirmos. Devemos ser as primeiras pessoas a acreditar que, sim, vai dar certo; sim, somos capazes e vamos conquistar, transformar a realidade. Precisamos ter consciência desse potencial e coragem para nos lançarmos nas atividades, desafiando estereótipos e superando as barreiras impostas, criando um ambiente em que todos tenham oportunidades iguais de crescimento e sucesso.

Na CIMED, quando temos uma vaga que exige fluência em inglês, observo diversos homens se candidatando à posição, mesmo tendo um nível básico do idioma, e depois, quando são contratados pelo conjunto de suas características profissionais, identifico que eles procuram se aprimorar fazendo algum curso.

As mulheres, por sua vez, caso entendam que não são fluentes na língua de forma excepcional, sem erros, tendem a ser mais comedidas e deixam passar a oportunidade do emprego e nem se candidatam à posição. E, se ainda por cima, elas estiverem pensando em engravidar, muitas desistem do trabalho porque, em algum momento, vão precisar se ausentar das suas funções devido à maternidade.

A MULHER PRECISA RECONHECER O SEU POTENCIAL E SE LANÇAR COM DETERMINAÇÃO. QUANDO ENTENDERMOS ISSO, VAMOS DOMINAR O MUNDO, COM CORAGEM E PROTAGONISMO.

À medida que as mulheres se capacitam e se lançam, derrubamos limitações autoimpostas e barreiras sociais. Percebemos, assim, como também somos capazes de promover mudanças significativas, de transformarmos a realidade e melhorarmos o nosso mundo.

E mais, à medida que nos empoderamos e conquistamos posições de liderança, abrimos caminhos para as futuras gerações de mulheres, inspirando-as a acreditar em seu potencial e a se lançar sem medo. Assim, construímos uma sociedade mais equilibrada.

AUTOCONHECIMENTO

Estou sempre aprendendo sobre como transmitir os meus pensamentos de forma eficaz. Por isso, reconheço a importância de me aprimorar e me comprometer em continuar incentivando as mulheres a abraçarem o seu potencial, a se lançarem e a desafiarem as expectativas. Ao me aproximar dos meus 50 anos, essa pauta vai ganhar mais espaço em minha agenda de atividades.

O CAMINHO RUMO À IGUALDADE DE GÊNERO É CONTÍNUO E CADA PASSO DADO NOS APROXIMA DE UM FUTURO MAIS INCLUSIVO E IGUALITÁRIO.

CORAGEM

Entender o mundo dessa forma foi essencial para me transformar da filha protegida pelos pais, que poderia ter tudo, na empresária que sou. Essa compreensão me lançou rumo aos meus sonhos e, por acreditar em meu potencial, os realizei. Por isso, em certos momentos, percebo o quanto sou direta, assertiva em minha forma de falar, mas não sou aquela pessoa que sai por aí, a torto e a direito, falando o que vem à cabeça. É importante encontramos uma expressão clara e confiante, ao mesmo tempo que levamos em consideração as opiniões e os sentimentos dos outros. Comunicação é compreensão e conexão.

Essa também é uma contínua caminhada de autoconhecimento e aprendizado. O passar do tempo me ajudou a desenvolver essa condição de cuidado comigo e de reflexão sobre as minhas atitudes, me mostrando a necessidade e importância de ponderar antes de falar, para evitar má interpretação do meu pensamento ou que as minhas palavras provoquem um desconforto desnecessário. Apesar dessa consciência, procuro ser autêntica e genuína em minha comunicação, até por influência dos meus pais, que sempre se comunicaram de modo bastante original. Meu pai, inclusive, era uma pessoa que, em alguns momentos, se expressava de maneira muito dura. Minha mãe, por sua vez, era extremamente habilidosa em se comunicar, o que a fez estabelecer relacionamentos de muito cuidado e afeto com quem cruzasse o seu caminho. Aliás, ela costumava falar com toda e qualquer pessoa que encontrasse, mesmo não a conhecendo. Hoje, ajo de forma semelhante a ela. Falo com qualquer um que estiver ao meu redor independentemente se o conheço ou não. Nada como o tempo para nos fazer evoluir. Como aprendi com a minha mãe, uma mulher incrível.

Encontrar o equilíbrio entre ser firme e respeitosa (unir a forma de comunicação de meu pai e da minha mãe) no meu jeito de ser, na expressão do meu pensamento, é um desafio que estou empenhada em realizar. Podemos expressar nossa opinião de maneira assertiva sem precisarmos ser agressivos, contribuindo, assim, para um diálogo saudável e construtivo, promovendo entendimento e respeito mútuo.

AS PALAVRAS PODEM TER O PODER DE UNIR, EM VEZ DE DIVIDIR. E A BOA COMUNICAÇÃO É ESSENCIAL PARA OBTERMOS NOSSA LIBERDADE FINANCEIRA.

Eu sempre quis conquistar os meus bens, o meu dinheiro, o meu espaço, construir a minha família. Uma vez, em uma entrevista, eu falei claramente sobre o que me motivava quando mais jovem: "Eu queria ter dinheiro". Aliás, essa não era uma motivação exclusiva minha. Lá em casa, todos nós agimos para termos mais dinheiro, para aumentarmos o nosso patrimônio. Essa é uma ambição válida, mas, muitas vezes, as pessoas têm vergonha de expressá-la com essa objetividade. Qual é o problema de querer possuir objetos que são caros? Qual é o erro em procurar ascender de vida financeiramente? Qual é a possível questão em ter condições para proporcionar uma vida com conforto para a sua família? Onde está o equívoco ou inadequação desses desejos?

Não me refiro a ter dinheiro para ostentar ou se sentir melhor do que ninguém, tampouco conseguir essa condição tirando proveito dos outros, do trabalho de terceiros. Estou refletindo sobre ter um desejo legítimo de conquistar uma vida financeira tranquila, repleta de prosperidade.

O dinheiro não chega para quem tem preconceito em pensar sobre esse assunto, quem se sente culpado por esse pensamento. Essa culpa e esse preconceito nunca estiveram presentes em minha vida, e hoje me sinto orgulhosa por todas as minhas conquistas materiais e tranquila com o fato de ter conquistado tudo que eu tenho com muito trabalho e dedicação.

RECONHECIMENTO

Na CIMED, organizamos celebrações para homenagear o tempo de trabalho dos funcionários. Nesses casos, faço questão de estar presente, porque entendo a importância de dar um abraço e falar olhando no olho do profissional homenageado o quanto o trabalho dele por cinco, dez, quinze, vinte anos foi fundamental à empresa. Em uma dessas ocasiões, eu me emocionei bastante com a fala de alguns deles.

Três profissionais com mais de quinze anos de casa, na hora em que os encontrei, me falaram: "Nós queremos que você saiba que o seu pai tem muito orgulho de você. Todas as vezes que ele vinha falar alguma coisa com a gente, ele falava para não nos preocuparmos com o assunto que levávamos para ele, e nos lembrava: 'A Karla está cuidando disso'". Ouvir essas palavras mexeu muito comigo. Para mim, aquele era o melhor exemplo de que, sim, eu consegui.

Meu pai era um homem dos anos de 1950. Para ele, o homem era quem deveria trabalhar, o homem é quem tinha o direito de participar dos negócios. À mulher restaria encontrar um bom casamento. Ao longo dos anos, ele se transformou muito, principalmente pela influência da minha mãe, que sempre esteve ao seu lado nos negócios. Eu também colaborei um pouco com essa transformação, porque ele reconheceu a importância da minha atividade profissional.

Ele sempre demonstrou que o João Adibe seria o seu sucessor na empresa e nunca escondeu isso. Ele acreditava que, como João era o filho homem, um dia, ele teria uma família, da qual seria o seu provedor, mas não só. Ele pensava também que, se a empresa passasse por alguma dificuldade financeira, e fosse necessário vender carro, casa, ou qualquer outro bem para quitar dívida, João faria isso com mais facilidade porque eu, como mulher, teria um marido que não me permitiria fazer o mesmo. Era assim que ele pensava. Hoje, esse pensamento soa estranho, mas antigamente era aceitável. Em algumas de nossas conversas, ele colocava essa situação com a maior naturalidade e, por mais que contra-argumentasse, de nada adiantava.

Ao longo dos anos, esses pensamentos diminuíram. Entretanto, eles ainda existem por aí. É preciso reconhecer o progresso significativo na redução das desigualdades de gênero no mundo do trabalho e no acesso a oportunidades econômicas, o que gerou espaço para as mulheres demonstrarem as suas habilidades e competências em diversas áreas profissionais e empresariais, conquistando posições de liderança e sucesso financeiro. Mas ainda existem inúmeros desafios a serem superados, como disparidades salariais, falta de representatividade em certas áreas e obstáculos relacionados à maternidade. Aos poucos, com ações afirmativas, a gente muda por completo esse cenário.

Na CIMED, por exemplo, não há essa distinção salarial. Se um homem e uma mulher têm a mesma competência e ocupam cargos semelhantes, o salário será o mesmo. Esse é um ponto pacífico.

Em nossa empresa, a definição do salário se dá pela competência pela descrição das atividades e pela entrega realizada. Assim, contribuímos em nosso ambiente de ação para combater as desigualdades e promover oportunidades igualitárias, independentemente do gênero. Essa condição, contudo, ainda não se replica no mercado de trabalho como um todo.

De acordo com dados do Instituto Brasileiro de Geografia e Estatística (IBGE), as mulheres ainda recebem, em média, salários inferiores aos dos homens, mesmo quando possuem a mesma qualificação e experiência. Isso é inadmissível. Todos os profissionais merecem alcançar a sua liberdade financeira, que, de uma vez por todas, deve estar vinculada a um processo de dedicação, perseverança e oportunidades igualitárias em um ambiente inclusivo.

POR UM MUNDO MAIS PRÓSPERO

A liberdade financeira é um assunto de tanta importância que a Organização das Nações Unidas (ONU) – ao estabelecer o seu plano de metas para o desenvolvimento de todos os países, em uma ação batizada de: Transformando nosso mundo: a agenda 2030 para o desenvolvimento sustentável[2] – definiu como uma das suas prioridades a prosperidade das pessoas. No texto, a ONU foca a "erradicação da pobreza, em todas as suas formas e dimensões" como um dos maiores desafios globais para o desenvolvimento do mundo. E mais, entre os 17 Objetivos de Desenvolvimento Sustentável (ODS) e as 169 metas estipuladas pela organização, há um destaque, como um dos seus temas prioritários, à igualdade de gênero e ao empoderamento das mulheres e meninas, ações essas consideradas pela ONU como "metas integradas e indivisíveis, equilibrando as três dimensões do desenvolvimento sustentável: a econômica, a social e a ambiental".

Na declaração da ONU, elaborada em 2015 por chefes de Estado e altos representantes de governo, por ocasião da comemoração do 70º aniversário da organização, eles decidiram estabelecer os Objetivos de Desenvolvimento Sustentável globais como ações referência em áreas de importância crucial para a humanidade e para o planeta, em que é fundamental a criação de condições para um crescimento sustentável, inclusivo e economicamente sustentado.

[2] TRANSFORMANDO nosso mundo: a agenda 2030 para o desenvolvimento sustentável. Organização das Nações Unidas, 2015. Disponível em: https://brasil.un.org/sites/default/files/2020-09/agenda2030-pt-br.pdf. Acesso em: 20 de dezembro de 2023.

115

SEXO É VIDA

06

A MINHA RELAÇÃO COM MARCELO ME FEZ ENTENDER A DIFERENÇA ENTRE ESTAR VIVA E VIVER. ELE E EU ESCOLHEMOS SER FELIZES NA VIDA.

A mulher precisa se conhecer e tem o direito a sentir prazer nas relações sexuais. Mais do que se preocupar apenas em realizar sexualmente o marido, ela precisa realizar os seus desejos e exercer de modo pleno a sua sexualidade. É assim que compreendo a importância do sexo para as mulheres, e é uma pena que esse assunto ainda seja um tabu. No que depender de mim, porém, será algo cada vez mais natural.

De uns anos para cá, sempre que sou convidada a expressar algumas das minhas opiniões, faço questão de falar sobre a importância do sexo na vida das pessoas, principalmente, a importância da prática sexual para as mulheres. Não sou sexóloga, tampouco especialista em sexo, contudo, ter percebido a dificuldade das pessoas para abordar esse assunto me motivou a falar sobre o tema, tentando normalizar de alguma forma uma conversa tão fundamental.

SEXO É VIDA, ALEGRIA; É SE SENTIR VIVA.

À frente da CIMED, que é uma das maiores farmacêuticas do Brasil, falar sobre sexo é relevante do ponto de vista de negócio, por ser um setor com grande potencial, mas, sobretudo, porque esse tema tem a ver com o bem-estar e a saúde das pessoas; e promover o bem-estar é um dos nossos propósitos, porque na CIMED a gente acredita que estar vivo é viver uma vida cheia de possibilidades. Nesse sentido, se o sexo se torna um assunto proibido, não dialogado, como podemos estar realizados? Por isso, no portfólio da CIMED, temos diversos produtos voltados à prática sexual saudável e desenvolvemos algumas ações educativas e de marketing sobre os seus benefícios.

Ao longo do tempo, firmamos parcerias com sexólogos para ajudar a tirar as dúvidas das pessoas. Afinal, qual o sentido de se manter sem informação sobre as possibilidades de uma vida sexual saudável e ativa? A experiência do sexo é particular, mas sempre é potencializada quando há um entendimento entre quem a prática. É preciso estabelecer consenso e entender as vontades envolvidas.

A partir desse entendimento, em determinada ocasião, decidi abrir uma caixinha de perguntas em minhas redes sociais para que as pessoas questionassem o que quisessem sobre sexo. Combinei com um sexólogo parceiro nosso para responder aos questionamentos. Passadas algumas horas, entretanto, qual não foi a minha surpresa, ninguém perguntou nada.

Minha vida.

Meu amor.

A vergonha era um dos motivos que explicava o tamanho desengajamento daquela iniciativa. Pior, aquele comportamento, aparentemente, era algo comum.

De acordo com quem estuda esse setor, as pessoas têm medo de se expor, falar sobre os seus desejos, portanto, elas preferem tirar as dúvidas, quando existem, em mensagens diretas, de maneira mais reservada. Esse comportamento me intrigou, mas fiquei ainda mais incomodada ao tomar conhecimento de uma prática feminina em relação ao tema.

São as mulheres as pessoas mais interessadas em obter informação sobre sexo (o que é positivo), entretanto, elas não elaboram o seu pensamento para entender como poderiam aumentar ou até ter mais prazer nas relações sexuais. Elas querem saber como dar prazer aos seus companheiros. Como deixá-los satisfeitos na cama.

Diante daquela informação, procurei saber se os homens também estavam interessados em descobrir como proporcionar mais prazer às suas companheiras. E a resposta que obtive foi desconcertante.

Não, eles não procuram saber como aumentar o prazer de suas companheiras. Quando eles têm alguma dúvida, a incerteza está relacionada a como conquistar a mulher. Qual o melhor momento para mandar flores, a melhor forma de abordá-la para conseguir levá-la para jantar. Para mim, essa informação demonstra que está tudo errado. Como assim, as mulheres deixam de lado o entendimento de como podem sentir prazer?! É o básico. A gente precisa compreender como se satisfazer, além de satisfazer o outro.

Quando decidi abrir aquela caixinha de perguntas, eu estava certa de que a preocupação feminina seria compreender as possibilidades de ter prazer, até porque há inúmeras mulheres que não sabem como fazer isso, mas não, os fatos me mostraram que estava enganada. Os questionamentos delas ainda eram sobre como satisfazer o seu parceiro. Essa realidade me perturba porque, se no ato sexual o prazer só acontece para um, essa relação não tem como ser boa.

<u>SEXO É PARA TODOS</u>

Eu não sei como é para o homem estar envolvido em uma relação sexual em que só ele sente prazer. Esse comportamento, no meu ponto de vista, é inadmissível. Também deveria ser importante para os homens saber que eles foram capazes de dar prazer às suas companheiras durante a relação. Ao menos, deveria ser importante para eles conseguir realizar uma mulher.

Por anos, nosso papel foi agradar nossos parceiros. É como se a nossa função nesse campo da vida fosse apenas satisfazer o homem, ao invés de procurarmos a nossa excitação.

É notório que muita gente ainda lida com a sua vida sexual dessa maneira, mas é urgente modificar esse paradigma.

Sexo é algo extremamente importante, é um assunto que tem relevância em nosso dia a dia assim como estabelecer uma rotina de alimentação saudável, fazer atividades físicas, trabalhar, estudar, se relacionar socialmente.

Agora que amadureci, me pego refletindo sobre o porquê a sociedade acredita que pessoas com mais idade não fazem sexo, estão sem desejo sexual ou perderam a libido.

É possível que a diminuição na frequência da prática sexual tenha relação com a queda natural de hormônio, mas, se esse for o caso, a medicina já descobriu formas de reposição hormonal que são bastante satisfatórias e prolongam a vida sexual. Assim como há medicamentos e tratamentos voltados à disfunção erétil. Muitas mulheres podem até não expressar o seu sentimento, mas nenhuma de nós deve ficar satisfeita com a impotência de seu parceiro.

Disfunção erétil ocorre por diversos motivos. Alguns comprometimentos não têm a ver com o fato de o homem estar ou não com tesão em sua parceira. Mas, para as mulheres, a gente entende que se não houver a ereção, não há o desejo. Isso também acontece quando há alguma questão em relação à lubrificação natural da vagina. Se não houver nenhum tipo de comprometimento na saúde da mulher, quando o canal vaginal está muito ressacado, até parece que não houve a excitação adequada e não ocorreu a liberação hormonal. Ainda bem que essas questões são fáceis de serem resolvidas hoje em dia. O uso de lubrificantes, por exemplo, é uma solução efetiva para essa condição. O K-MED é excelente. De semelhante modo, o homem pode lançar mão de medicamentos específicos para corrigir a disfunção erétil. Isso é bom para os dois, porque, quando você está seguro, há mais entrega, mais cumplicidade, e, consequentemente, o prazer aumenta e a relação melhora.

Para mim, quanto mais as pessoas falarem sobre sexo, quanto mais esse assunto estiver presente na vida, como qualquer outro aspecto de nossa rotina, mais se tem a vontade de praticá-lo e menos dúvidas você terá, pois haverá mais espaço para dialogar sobre esse tema. Por outro lado, se a pessoa evita falar sobre ele e, reiteradamente, afirmar que: "Isso não é mais para mim", há um distanciamento natural.

O SEXO ESTÁ RELACIONADO COM O ESTAR VIVO.

Então, ao refletir sobre esse tema, percebendo a importância dele para a vida, a prática sexual deixa de ser algo exclusivamente voltado para os jovens.

Todos os dias, eu digo sim para Marcelo.

GOSTAR DE QUEM GOSTA DA GENTE

Ainda adolescente, eu descobri a prática sexual. Como tantas outras meninas, essa descoberta foi solitária. Tive de encontrar pessoas para me explicar certos acontecimentos, até porque eu nunca conversei sobre esse assunto com a minha mãe, apesar de ela ser uma mulher bem-resolvida sobre esse tema. Mesmo assim, nunca mantivemos uma conversa franca sobre sexo, tanto é que eu nunca contei para ela quando perdi a minha virgindade.

Tive a minha primeira experiência sexual aos 17 anos, prestes a completar 18 anos. Ela aconteceu com o meu namorado à época e antes do ato ser, de fato, consumado, aconteceram algumas situações divertidas.

Naquele momento, eu já trabalhava na CIMED e uma de nossas farmacêuticas mais experientes me ajudou a compreender o que estava se passando comigo. Eu tinha muito desejo por meu namorado, sensações que eu não conseguia descrever com objetividade.

Eu vivia aquelas experiências sozinha, pois não conhecia alguém experiente com quem eu pudesse compartilhar as minhas dúvidas. Como eu não sabia como dividir aquilo com a minha mãe, eu me vi perdida. Até que tive a ideia de conversar com a nossa farmacêutica. Eu me lembro como se fosse hoje do momento em que, ansiosa, procurei por sua ajuda.

Desesperada, eu cheguei à sua sala e relatei a ela o que estava acontecendo comigo. Ela me escutou, me acolheu e me fez perceber a naturalidade do que estava contando. A sua fala foi fundamental, até porque eu também não conseguiria marcar uma consulta no ginecologista sem a presença de minha mãe. As suas respostas traziam algo de sua experiência, por ser uma mulher com mais idade, como também de alguém com noção de questões clínicas mais objetivas, já que ela era da área de saúde.

Passados dois anos daquelas dúvidas iniciais, eu terminei com aquele namorado e não demorou muito para eu começar outro namoro, dessa vez com um rapaz uns três anos mais velho. Eu tinha 20 anos, me sentia um pouco mais madura e a situação do sexo foi ficando mais confortável, mesmo assim, continuava sem contar nada para os meus pais. Até que, em uma viagem que fiz com meu namorado à cidade do Rio de Janeiro, meus pais, meio que implicitamente, entenderam que a gente estava transando.

Foi a minha primeira viagem de casal. Sempre que eu e meu namorado programávamos sair de São Paulo, era em grupo, então se subentendia que os meninos iriam dormir entre eles e as meninas, entre elas. As pessoas meio que fingiam que não aconteceria nada, o que nunca foi bem a verdade. Por isso aquela viagem ao Rio de Janeiro foi tão simbólica e especial. Era como se fosse uma viagem em que assumisse ao mundo que havia me transformado em uma mulher adulta, com uma vida sexual com o meu namorado. Aquilo me fez sentir importante.

A viagem aconteceu e foi linda. Era carnaval e tivemos dias maravilhosos. Desfilamos na Marquês de Sapucaí pela Mangueira, fomos à praia, comemos bem e, em nosso caminho de volta para casa, paramos na cidade de Aparecida, para visitarmos a Basílica de Nossa Senhora. Tínhamos ido ao Rio de carro. Lá, diante da santa, nos abraçamos, fizemos juras de amor eterno, nos prometemos em casamento. Era como se eu estivesse vivendo em um sonho... Mas que não duraria sete dias.

Na semana seguinte, ele apareceu lá em casa para terminar o namoro. Meu mundo ruiu. Foi um caos. Sobretudo, porque, para mim, as pessoas de meu ciclo de relacionamento já sabiam que eu não era mais virgem. Como poderia, então, ter perdido a virgindade e estar solteira?

A mãe daquele namorado era uma imigrante espanhola muito rígida, e ele estava no último ano da faculdade de Direito. Por isso, ela, de maneira incisiva, cobrou dele que focasse a sua atenção nos estudos para se formar e conseguir passar o quanto antes na prova da Ordem dos Advogados. Para isso, ele deveria terminar o namoro comigo e foi o que fez.

Era o final do dia de uma segunda-feira quando ele apareceu lá em casa, trazendo uma sacolinha em suas mãos com CDs e alguns objetos pessoais que eu havia deixado com ele. "Trouxe as suas coisas", ele me disse. Sem entender nada, eu o olhei e o questionei: "Mas por que você trouxe as minhas coisas?". Pacientemente, ele me explicou os seus motivos para o término de nosso relacionamento. Eu o ouvi e, depois de um tempo, nos despedimos. Quando ele saiu, chorei por uma semana. Fiquei arrasada, mas aquele sentimento ruim não passou mesmo de poucos dias. Minha mãe costumava me dizer: "Filha, a gente tem de gostar de quem gosta da gente". Ela tinha toda a razão. Aquela sua fala ecoou em meus pensamentos e decidi superar o fim daquele compromisso. Se ele não gostava de mim, paciência. Eu iria encontrar quem me amasse. Foi o que aconteceu. Eu iria começar o meu relacionamento com Marcelo poucos dias depois de tudo aquilo.

DESEJO SEXUAL

Desde os 12 anos, eu conhecia o Marcelo. Eu era amiga de sua irmã. Apesar de ele ser alguns poucos anos mais velho do que eu, frequentávamos lugares comuns e sempre estávamos juntos.

Aquele meu namorado que viajou comigo para o carnaval do Rio de Janeiro tinha me deixado nos primeiros meses do ano, e, em maio, Marcelo daria uma festa em sua casa, onde ficamos juntos pela primeira vez. Dali a um ano, nos casamos. Foi tudo muito rápido porque nos encontramos na vida.

Antes de se tornar meu marido, Marcelo é meu amigo, e essa condição faz toda a diferença para a nossa vida de casal. Tanto ele quanto eu somos ligados em sexo, e o nosso encontro

é sempre prazeroso. Esse é um fato importante em nossa relação. Marcelo tem muito desejo sexual, e essa sua característica me faz sentir desejada e amada. O sexo para ele não é algo que tanto faz. Desde o início de nossa relação, ele deixou claro esse fato. Seria básico em nosso casamento termos uma prática saudável e regular.

Falar sobre a nossa vida sexual como casal é algo presente em nossa relação desde o seu começo. Fazemos questão de que seja assim. Independentemente das nossas rotinas, encontramos espaço para encaixá-la. Ela nunca fica em um segundo plano. Esse fato foi fundamental para chegarmos aos vinte e cinco anos de casados, enfrentando diversas situações.

EXEMPLO EM CASA

Nós nos casamos muito rápido, após um ano de namoro. Na sequência, nossa filha mais velha, Juliana, nasceu (período no qual ficamos sabendo da doença de minha mãe). Tudo foi muito intenso e conturbado. Seria muito fácil a gente se esquecer da gente, porque foram dez anos de cuidados intensos com a minha mãe e três crianças pequenas para educar, além das nossas atividades profissionais, mas Marcelo não deixou. Em meio a tudo aquilo, o nosso relacionamento sexual funcionou como um porto seguro. Era algo que nos fazia mais vivos, dispostos, e um momento no qual podíamos deixar todas as demais atividades em suspenso. Para mim, foi fundamental Marcelo sempre me lembrar que estava ali.

Apesar de a minha mãe e eu nunca termos conversado sobre sexo, ela foi uma inspiração para mim. A sua vida de casal foi um referencial importante. Ela era uma mulher sexualmente ativa e mantinha uma boa relação com o meu pai. Eu cresci com esse exemplo. Por mais que ela trabalhasse com ele na empresa, ela dava um jeito de voltar para casa antes dele, quando éramos pequenos, para ficar conosco e esperá-lo; e ela não o aguardava de qualquer jeito. Pouco antes das 18h, horário em que meu pai costumava voltar para casa, ela se trocava, se maquiava e o aguardava com um aperitivo para servi-lo. Ela sempre criava um clima para o casal independentemente dos filhos e da rotina da casa. A minha mãe estabeleceu essa relação com o meu pai, e eu acho isso positivo.

Eu via toda a movimentação entre eles e não imaginava o ato sexual em si, até porque eu o desconhecia, mas entendia que eles tinham um namoro, que aquele era um momento deles. E isso foi um exemplo para mim, porque a rotina pode tirar do casal o desejo. A gente acaba ficando só amigos. Aprendi o recado da minha mãe.

NO CASAMENTO, É PRECISO MANTER, DIARIAMENTE, UMA SITUAÇÃO DE INTERESSE AFETIVO, ROMÂNTICO E SEXUAL.

Eu já escutei tanta gente falar que, antes de se separar, estavam juntos há um ano sem transar. Um ano! Como isso é possível? É muito difícil continuar em um relacionamento com esse nível baixo de atração. Na verdade, sem atração alguma. Por isso, a importância de falar e ter uma vida sexual ativa nunca foi um tabu para mim e, tirando o meu descobrimento de como acontecia uma vida a dois, nunca fui uma mulher insegura nesse âmbito da vida.

Eu me casei muito cedo, aos vinte e poucos anos, e a primeira vez que engravidei foi após dois meses do nosso enlace. Lembro que, após as minhas gestações, o meu corpo levava um tempo para retomar a forma de antes da gravidez. Em uma dessas ocasiões, os meus seios ficaram assimétricos. Brincando, eu os olhava no espelho e dizia para Marcelo: "Meu Deus, a minha teta está vesga". Confrontado por essa afirmação, ele sempre agiu como um homem sábio e contra-argumentava: "Não, Karla. Não tem nada de vesgo aí. Você está linda". Ele sempre me colocou para cima, a despeito da situação a qual estava vivendo. Ainda hoje, mesmo em momentos em que eu me sinta acabada, ele vai dizer: "Nossa, você está linda!". Esses elogios fazem a diferença, atuam na minha autoestima. Me incentivam a me sentir mais sexy e desejá-lo com mais intensidade.

Imagina a mulher que está em um relacionamento abusivo, tóxico, em que o marido olha para ela e a diminui, a desvaloriza, a todo instante. Como é possível se entregar para uma relação sexual saudável dessa forma?

RESPONSABILIDADE E SEGURANÇA

Marcelo e eu criamos rituais como casal. Desde o início do casamento, esses momentos estabelecidos foram importantes, porque conseguimos administrar melhor as demais atividades do cotidiano, o que nos possibilita ser mais felizes e mais bem-sucedidos em nossa vida a dois.

ESCOLHEMOS SER FELIZES NA VIDA.

Quando as crianças ainda eram pequenas, por exemplo, Marcelo e eu saíamos para jantar no japonês todas as terças-feiras. Aquele era um dia em que podíamos colocar a nossa conversa em dia sem tê-las à mesa, comendo por cima da gente.

A gente também se programava para viagens curtas de três a cinco dias. Aproveitávamos os finais de semana e feriados para fugir da rotina. Contávamos com um facilitador para isso: a minha mãe adorava ficar com os netos, era um prazer para ela estar junto deles. Então, nós os deixávamos com ela e viajávamos despreocupados. Isso nos ajudou a reforçar nossos laços como marido e mulher e construirmos mais intimidade. Eu costumo lembrar às minhas amigas que, se você não estiver bem com o seu marido quando os filhos forem pequenos, você estará perdida no futuro quando as crianças crescerem e saírem de casa.

No meu casamento com Marcelo, a gente nunca soube o que é ser um casal sem filhos, porque as crianças nasceram muito rápido. Agora, que estamos passando da meia-idade, é que começamos a entender o que é ser um casal sem filhos ao redor, porque eles cresceram e, aos poucos, estão encontrando o seu caminho e saindo de casa. Está sendo um momento incrível, porque, como Marcelo e eu nos curtimos muito, tem sido muito boa essa convivência. Eu me sinto cada vez mais desejada, e me sentir desejada é muito gostoso, me faz feliz. Nesses momentos, me recordo do importante conselho de minha mãe sobre estar junto de quem gosta da gente.

É IMPORTANTE TER AO SEU LADO ALGUÉM QUE INCENTIVE VOCÊ, QUE DESPERTE O SEU MELHOR.

Marcelo e eu gostamos de fazer sexo, portanto, a nossa prática é bem natural. A gente sabe o quanto é bom, o quanto é gostoso, o quanto faz a gente se sentir melhor, o quanto liberamos de energia e nos renovamos.

É importante, também, lembrar que a vida sexual de cada um é algo que só diz respeito a essa pessoa. É saudável não a misturar à vida profissional. O que acontece na sua casa só diz respeito a você e ao seu companheiro ou companheira. Esses papéis são distintos. Particularmente, acredito que a gente não precisa ficar falando sobre preferências sexuais, o que faz, o que deixa de fazer, do que gosta. Até porque, qual é o interesse do outro nesse assunto, se ele não vai praticar com você? Para que eu tenho de falar sobre o que me satisfaz na cama? Ninguém tem nada a ver com isso, é um assunto seu e da pessoa que estiver com você nesses momentos.

Acredito ainda que há uma insistência social para que as pessoas pareçam ser sexualmente ativas, mas essa cobrança não tem nada a ver, porque essa prática não é de interesse público. Estou tão certa desse pensamento que nem com os meus filhos falo sobre esse tema, apesar da nossa intimidade. E, curioso, ao decidir escrever sobre sexo aqui, no livro, fiz questão de mostrar este capítulo a eles antes de publicá-lo. Era importante obter a opinião deles. Saber que não iriam se sentir constrangidos por a mãe deles estar expondo algo tão íntimo.

Para mim, foi muito significativo ter essa conversa com eles porque é assim que agimos em família. A gente compartilha assuntos possivelmente mais delicados para que, se houver algum incômodo, possamos ter o espaço e o tempo devidos para refletir e encontrar meios para juntos contornarmos a situação. Dessa forma, a gente entende, cada vez mais, os limites uns dos outros e aprofundamos nossa relação.

De certo modo, eu repeti com os meus filhos a minha relação com a minha mãe. Nunca conversei muito com eles sobre sexo, mas não me esquivei de responder àquilo que me foi perguntado, assim como orientei da melhor forma possível sobre como se preservar (objetiva e emocionalmente) em seus namoros.

Ao perceber, por exemplo, que Juliana estava envolvida em um relacionamento sério, falei com ela sobre a importância do uso do DIU e a encaminhei a um ginecologista para que ela pudesse tirar as suas dúvidas de forma independente. Agi assim, também, com Pedro e Eduardo. Na minha casa, normalizei o fato de que o sexo é parte da vida, é natural, e cada um vai fazer do jeito que quiser, só é preciso ter responsabilidade e segurança.

COMPARTILHAR O MOMENTO

A minha relação sexual me fez entender muito a diferença entre estar viva e viver. Viver é se permitir, é fazer, é buscar realização, é aproveitar todas as experiências da melhor maneira possível, mesmo quando elas não são tão boas. Enquanto apenas estar viva é uma existência vazia, incompleta.

O câncer da minha mãe ensinou à nossa família a importância de seguir adiante, mesmo enfrentando grandes problemas. Aí, foi quando continuar tendo relações sexuais me fortaleceu. Tudo estava ruim, mas, mesmo naquele cenário de complicações, era possível ter momentos de prazer e descontração. O sexo foi uma poderosa válvula de escape e que bom que existiu.

É interessante perceber que, mesmo aos poucos, a mulher tem encontrado caminhos para sair desse lugar de se subjugar ao prazer do homem na cama. Ela está entendendo o próprio espaço, que ficará mais potente quando compreender que pode fazer sexo para se sentir melhor e não só para satisfazer o marido.

A relação sexual tem a ver com troca, com compartilhar o momento. Precisa ser bom para os dois. É importante sermos aquilo que somos em nossa vida sexual, esse comportamento nos deixa mais presentes e vivos na vida como um todo. O segredo para isso acontecer plenamente é a troca.

PRAZER

SEXO É IMAGINAÇÃO, FANTASIA

Há décadas, as instituições de ensino estudam a prática sexual das pessoas. Esse é um tema de grande interesse científico e social. Por isso, há sempre disponível literatura acadêmica que reflita sobre os benefícios do se fazer sexo na vida adulta. O exercício saudável da sexualidade é parte vital da vida e contribui, entre outros aspectos, com a melhora da saúde cardiovascular, com o fortalecimento da saúde mental e o estabelecimento de relacionamentos mais afetuosos e profundos.

Artigos publicados por entidades que estudam o comportamento sexual das pessoas, como a Academia Internacional de Pesquisas Sexuais, dos Estados Unidos, apontam que mulheres sexualmente ativas apresentam menor risco de doenças cardíacas em decorrência do aumento da circulação sanguínea. Ou seja, o coração fica mais resistente com a prática regular de sexo. Outros levantamentos, por sua vez, ao mapearem a função do corpo no ato sexual, indicam que, durante o orgasmo, o corpo libera endorfinas e ocitocina, neurotransmissores estimulantes do humor e da sensação de bem-estar emocional. Esse fato está relacionado ao aumento da intimidade entre os casais que praticam, consensualmente, as suas relações, promovendo nas pessoas uma sensação de maior proximidade e ligação emocional. Assim, os casamentos ficam mais consolidados. No caso da mulher, o sexo fortalece ainda a musculatura do assoalho pélvico e um dos benefícios desse fortalecimento é evitar o surgimento da incontinência urinária. Seja como for, a prática sexual é importante e tem de ser saudável, porque, como bem cantou Rita Lee em "Amor e sexo", um de seus hits: "sexo é imaginação, fantasia".[3]

[3] AMOR e sexo. Intérprete: Rita Lee. In: BALACOBACO. Rio de Janeiro: Universal Music, 2003. Faixa 1.

137

ESTAR PRESENTE NO AGORA É UMA REVOLUÇÃO

07

A GENTE VIVE NO HOJE, E ENTENDER ESSA CONDIÇÃO É FUNDAMENTAL PARA SER GRATO, PARA CONQUISTAR E SE MODIFICAR.

Meu filho caçula, Eduardo, mal havia completado 1 ano e eu não podia carregá-lo no colo. Era 2003, e eu tinha 29 anos. Na verdade, durante quarenta e dois dias eu fiquei deitada em uma cama, mal me mexia. Passava a maior parte do tempo entediada, olhando o teto branco do quarto. Pouco antes daquele período de dores intensas e agudas, uma hérnia de disco havia se rompido na região da minha lombar e fiquei imobilizada como consequência. Era impossível fazer qualquer atividade. Fosse o que fosse, me mover tornara-se um tormento sem tamanho. Eu só conseguia repousar. Mesmo assim, em alguns momentos, pude jurar que iria morrer pela intensidade das dores que sentia.

Por ter ficado acima do peso durante a infância e em parte da adolescência, por volta dos 18 anos, passei a fazer as mais diversas dietas e sempre estava envolvida em alguma atividade física. A prática esportiva era constante. Duas vezes por dia, eu estava na ginástica. Após a gravidez de Dudu, retomei o ritmo das atividades físicas para voltar ao meu antigo peso. Foi quando comecei a sentir dores nos joelhos. Achava que eram causadas pelo esforço físico dos exercícios. Por isso, não me importei muito. Iria passar. Mal sabia eu o que estava por vir.

Após o seu nascimento, voltei com tudo à academia. Estava decidida a retomar o meu peso de antes da gravidez. Mas aquelas dores eventuais começaram a aparecer todos os dias. Agi rápido para determinar o fim delas. Fui para a fisioterapia. Intercalava entre os exercícios fisioterápicos e a rotina de treinos na academia. Acreditava que estava fazendo o melhor para a minha saúde. Estava completamente enganada. As dores perdiam intensidade por um tempo, mas logo voltavam a incomodar. Pegava mais pesado na fisioterapia e elas regrediam. Parava com os exercícios para a minha recuperação e elas voltavam a me incomodar. Aquele vai e vem se arrastou por meses. Até que, um belo dia, quando elas estavam menos intensas, decidi fazer uma plástica em meus seios. Sem saber, aquela decisão me levaria para um dos piores quadros de saúde da minha vida. Talvez o pior.

O rompimento da hérnia de disco após uma cirurgia plástica é algo comum, inclusive. É o relaxamento muscular, promovido pela anestesia para a intervenção cirúrgica, que causa esse rompimento; e, no meu caso, tive uma hérnia lombar entre a L4 e a L5 – ou seja, afetou a minha quarta e quinta vértebras, comprimindo os nervos da coluna nessa localização. Na prática, eu sentia uma dor na parte posterior do meu corpo, saindo da altura da cintura e irradiando até o pé. Mas os médicos não identificaram a origem das minhas queixas de imediato. Como os meus sintomas só se tornaram mais evidentes após a cirurgia plástica, a equipe médica suspeitou de uma trombose.

Crescente, aquela situação tomou conta de mim. Senti-me angustiada porque, tomada pela dor, não via nenhuma saída rápida daquela situação. Nesse período, a presença de meu pai foi fundamental à minha recuperação.

Inicialmente, ele trouxe um médico do Hospital das Clínicas da cidade de São Paulo, que me deu doses significativas de morfina para me ajudar a suportar o quadro de dor. Por alguns dias, aquela intervenção deu resultado, mas o alívio foi breve. As dores se intensificaram, e as doses de morfina passaram a ser bem mais expressivas. Foram cavalares. Na mesma medida, aumentou também a minha angústia em relação à incerteza do meu diagnóstico.

Não sabendo o que tinha, imaginei os cenários mais terríveis e me desesperava com a possibilidade de não estar mais presente para ajudar na criação dos meus filhos, todos ainda muito novinhos. Aquele sentimento me apertava o coração. Afinal, eu queria vê-los crescer.

Um dia, em meio às dores e aos pensamentos negativos, os médicos que me acompanhavam me doparam. Naquele momento, parei de me mexer e fui internada. Até ser operada, fiquei por quarenta e dois dias em cima de uma cama. Aquela foi uma cirurgia até simples diante da intensidade da dor. Foi como fazer uma endoscopia. Eles apenas cauterizaram a hérnia na região em que ela estava inflamada.

Após o procedimento cirúrgico, fui medicada com cortisona e, aos poucos, recuperei os movimentos. Por fim, a hérnia desinflamou e concluí o restante do meu tratamento com atividades no pilates, na natação e na fisioterapia. Depois de alguns meses, a vida voltou ao normal.

EU QUERIA MELHORAR

Aquele acontecimento foi decisivo para eu entender o valor do agora. Compreender a importância de estar presente e viver o momento, porque, sim, não temos controle sobre o que vai acontecer amanhã, tampouco conseguimos evitar a manifestação de alguma doença. Ter superado aquele episódio reforçou ainda mais a minha postura de gratidão diante dos pequenos acontecimentos cotidianos.

Muito da minha satisfação, todas as manhãs, ao acordar e estar bem para fazer ginástica, meditar, tomar café com Marcelo e os meninos, acontece pelo reconhecimento de como é bom estar com saúde, afinal, durante mais de quarenta dias, eu fiquei inválida, dependente. Deitada naquela cama, o ócio tomou conta de mim e me vi em uma situação absurdamente anormal. Por mais que eu tenha tido o apoio da minha família e tenha contado com a ajuda dos meus amigos, eu me vi só.

Eu me percebi desorientada e tendo de lidar com a minha rotina sozinha, porque, ao final do dia, todo mundo tem a sua vida e precisa cuidar das suas atividades. É por isso que, quando as doenças aparecem, as pessoas, a princípio, ficam mais perto, mas, com o passar dos dias, é natural o afastamento, e chega uma hora que quem está enfermo se vê isolado e indisposto para tudo. As coisas deixam de fazer sentido. Eu mesma não quis fazer mais nada. A televisão tinha deixado de ser distração, não aguentava mais ler. Ficava ali, imóvel, olhando para o teto ou para os lados. Meu único pensamento era o de sair daquela situação. Eu queria melhorar. Pensava fixamente no momento em que poderia voltar a trabalhar na CIMED. Ansiava conseguir segurar Eduardo no colo mais uma vez. Por isso, quando pude voltar a fazer cada uma dessas atividades corriqueiras, a minha gratidão tornou-se imensa.

Ao recordar esse momento da minha vida, percebo que ele, junto à condição de saúde de meus pais, foi um dos mais significativos na construção de quem eu sou. Engraçado, eu venho de uma família ligada à área de saúde e foram as nossas experiências com a falta de saúde que nos influenciaram a ser quem somos.

SEMPRE OTIMISTA

No caso da minha mãe, era muito evidente e urgente o conceito do viver o hoje, mesmo que a fala sobre a morte não fosse algo presente em nossas conversas. A gente sabia que a doença dela era um fator extremamente preocupante, víamos as recidivas do câncer cada vez mais agressivas, o que a debilitava de maneira bastante objetiva. Entendíamos o acúmulo de toxicidade em seu organismo à medida que aumentavam as sessões de quimioterapia – um tratamento realizado em ciclos, no qual, em geral, o paciente oscila entre picos de melhora e outros de profunda piora. Então, a gente já esperava que, em um momento do tratamento, ela estaria debilitada. Ela ficava muito ruim por alguns dias. Na sequência, tinha uma melhora e passava dias muito bem. Por dez anos essa foi a sua rotina.

As quimios da minha mãe eram muito fortes. O seu tratamento foi bem difícil e desgastante. Ela costumava sentir fortes enjoos, diversos mal-estares. A unha do dedão do pé caía, então, usar sapato incomodava. Sem contar que, de forma geral, ela tinha uma sensação generalizada de desconforto e, muitas vezes, não conseguia nem descrever com exatidão onde e o que doía. A dor simplesmente se instalava (e se alastrava), e ela tinha de conviver com aquela situação. E pensar que a todo momento ela se manteve ativa frente a essa doença. Ela sempre foi otimista em relação ao seu prognóstico. Até o fim, acreditou que não seria vencida pelo câncer como, de fato, não foi. A doença a debilitou, a enfraqueceu, mas a causa do seu falecimento foi uma parada cardíaca. O seu coração deixou de bater de forma gradual. Aos poucos, ela se despediu desta vida.

INSPIRAÇÃO

Era bonito de ver o amor do meu pai e da minha mãe.

Foi por ter vivido dias tão intensos e tão incertos, que ela desenvolveu a necessidade de viver cada dia de forma plena, em especial nos dias em que se sentia bem. No entanto, é importante destacar que esse viver plenamente não é porque ela acreditava que no dia seguinte poderia estar morta, não era esse o caso. O que a motivava era o fato de que no dia seguinte ela poderia passar mal. Ela talvez não estivesse se sentindo tão bem. Então, para não perder uma oportunidade, um encontro, uma experiência, ela fazia questão de estar pronta para viver o hoje. A sua força para esses momentos era indescritível. Ela movimentava o que a cercava. Era algo magnético e contagiante. Muito do que a CIMED é hoje é resultado da sua presença. Ela impulsionava a CIMED a ser melhor, a ser maior, a ser uma empresa ágil. Minha mãe foi decisiva na constituição da nossa empresa, em nosso jeito de ser.

COMPROMISSO COM A VIDA

Na CIMED, temos por hábito fazer tudo hoje, as atividades não podem ser adiadas. Nada fica para amanhã. Esse comportamento é um reflexo da minha mãe. É um dos seus legados corporativos que tanto João Adibe quanto eu, de modo natural, praticamos no dia a dia. Não ficamos refletindo sobre essa questão, apenas agimos assim. A gente deixa as coisas acontecerem, e esse comportamento é uma das estruturas da nossa cultura, um dos elementos do nosso sangue amarelo.

Para mim, perceber a transmissão do legado da minha mãe é extremamente gratificante, me sinto mais pertencente, a minha vida tem mais sentido. Com o passar dos anos, e com a possibilidade de refletirmos sobre os acontecimentos, esse legado fica mais evidente. Essa dinâmica é parte da construção de uma empresa familiar. O nosso DNA está impresso nessa atitude, portanto, reconhecê-la como um componente das nossas conquistas é uma consequência. Sim, ela integra o nosso crescimento não por uma imposição, pelo fato de ser a nossa mãe, mas ela é reconhecida e está presente porque a sua maneira de ver o mundo, de agir, está viva em nós, na CIMED.

Ao longo dos anos, as coisas foram acontecendo em nossas vidas e acabaram por formatar o nosso jeito de olhar o mundo, nos constituíram e revelaram a nossa capacidade de evoluir, de nos modificar a partir da assimilação daquilo que vivemos.

NOSSO VERDADEIRO APRENDIZADO VEM DA VIDA, DAS NOSSAS VIVÊNCIAS.

O histórico de complicações médicas de meu pai é outro fator que contribuiu para o nosso jeito de ser, mas de outro modo.

O meu pai conviveu com dor por toda a sua vida. Assim como a minha mãe, ele foi um guerreiro. Chamá-lo aqui de guerreiro não é uma figura de linguagem simplista, o olhar inocente de uma filha. Meu pai teve problemas seríssimos de reumatismo, que limitaram a sua mobilidade, assim como também apresentou um quadro grave de adoecimento pulmonar, entre outras questões. Ainda por cima, ele teve de conviver, quando criança e adolescente, com a doença da sua mãe; e depois, adulto, já casado, com o adoecimento progressivo da esposa. Não foi nada fácil para ele lidar com essas situações preservando a saúde emocional, que, em diversos momentos, foi comprometida pelos acontecimentos.

O uso do termo "guerreiro" para qualificá-lo decorre da maneira como ele enfrentou essas situações – sempre com sabedoria e resiliência. Por pior que as circunstâncias fossem, por mais envolvido que ele estivesse, ele nunca deixou que elas o paralisassem. Nunca esmoreceu diante do que se apresentava sem solução. Pelo contrário, de forma firme, com determinação, encontrou as saídas para as situações e fez a sua família prosperar.

Assim como a minha mãe, ele também vivia o hoje porque ele não sabia como estaria a própria saúde no dia seguinte. Ele vivia o hoje porque estava bem, porque respirava e conseguia andar. Como as enfermidades dificultavam a sua mobilidade e respiração, ele fazia questão de aproveitar o dia quando o seu organismo funcionava de modo adequado.

O seu problema pulmonar era muito grave. Havia dias – e não eram poucos – em que ele só conseguia respirar com o auxílio de oxigênio. E o seu reumatismo era caracterizado por uma significativa questão emocional, manifestando-se em sintonia com as variações do estado de saúde da minha mãe.

Em geral, ele se mostrava forte e operante quando ela estava mais enfraquecida e internada. Nessas ocasiões, ele era muito presente e resolutivo. Em contrapartida, quando a minha mãe tinha os seus momentos de melhora, quando ela voltava para casa com mais vitalidade, as dores dele apareciam com mais força. Ainda assim, diferentemente da expectativa que tínhamos sobre a continuidade de vida de nossa mãe, nunca esperamos que ele fosse morrer tão cedo, mesmo com o seu quadro preocupante de saúde. A morte não era algo que estava em nossos pensamentos em relação a ele. Até porque os meus pais sempre demonstraram muito compromisso com a vida. Eles adoravam viver. Se amavam, amavam os filhos, amavam a empresa que haviam criado. A despeito de tanta debilidade em sua saúde, eles gostavam de viver.

Essa característica de ambos me ensinou o quanto a gente precisa fazer pelas pessoas em vida. Não adianta de nada ir chorar no caixão ou se arrepender de algo depois que a pessoa partir. As relações precisam ser passadas a limpo em vida. Essa certeza e a minha atitude para com eles me deixaram com a consciência muito tranquila.

AGORA

Enquanto estiveram vivos, fiz por eles tudo o que estava ao meu alcance, tudo o que estava dentro da minha capacidade de realização. Eu estive com eles, dei atenção, fui companheira, cuidei e não medi esforços. Por isso, quando os dois faleceram, apesar da profunda tristeza, eu me senti muito tranquila.

SOMOS DETALHISTAS

Do ponto de vista objetivo, o relato sobre a saúde dos meus pais (e a minha própria) me faz entender outra de nossas características – ou melhor, qualidades – como família e que é estendida à gestão da CIMED. Somos muito atentos aos pequenos movimentos da empresa, acompanhamos tudo de perto.

A CIMED é uma empresa focada em vendas e produção em duas áreas que requerem constante mensuração. Na prática, a gente não deixa para olhar o que está acontecendo só no fim do mês. Fazemos um acompanhamento diário de desempenho. Estabelecemos métricas, entendemos de mensuração. Se não fosse assim, não teríamos nossos excelentes resultados, até porque, diariamente, produzimos milhões de produtos. Nosso modelo de negócio exige eficiência. Não dá para errar, porque as perdas em uma linha de produção levam a prejuízos incalculáveis.

Essa mesma lógica se estende às vendas, em especial, porque temos uma estrutura de comercialização em que nós mesmos distribuímos a nossa produção. Dessa forma, acompanhamos bem mais de perto o desempenho dos nossos clientes, que são as farmácias. Esse acompanhamento da performance deles é diário. É uma operação logística e de gestão complexa, porque estamos envolvidos em todos os elos da cadeia do setor, dos aspectos regulatórios, de produção, de marketing, de vendas, absolutamente tudo. Talvez as pessoas nem desconfiem, mas os fatores meteorológicos, por exemplo, são muito importantes para a nossa produção.

Se chove, a farmácia tende a ter um fluxo menor de compradores, fazendo as vendas oscilarem para baixo. Se as farmácias vendem menos, como consequência, elas vão comprar menos da gente, pois o estoque comprado anteriormente não girou. É simples assim. Diante desse cenário, precisamos adequar a produção da fábrica para não termos sobra de produtos.

Estruturamos mapas de desempenho e temos objetividade para identificar os itens que estão tendo saída e os que têm espaço para melhorar o desempenho de comercialização. Identificamos os fatores que nos fazem vender ou aqueles obstáculos que precisamos superar. Todo final de dia acompanhamos o faturamento. Essa é uma prática perene. Somos uma empresa muito presente, muito viva.

OLHAMOS OS CENTAVOS PARA CHEGARMOS AOS BILHÕES.

Engraçado, quando jovem, eu me irritava tanto com o meu pai quando, diante de algum questionamento meu ou angústia, ele me respondia: "Minha filha, o tempo resolve isso". Eu me enfurecia ao ouvir aquela afirmação dita com tanta segurança. Para mim, aquela possibilidade era inexistente. *Como assim, o tempo vai resolver algo?!*, pensava, indignada. *Quem tem de resolver sou eu!*, tinha certeza. Uma certeza juvenil, a bem da verdade, porque, com o tempo, compreendi o quanto ele estava correto em sua afirmação. É o tempo que nos forja. Foi o tempo que formou a João Adibe e a mim. A gente amadureceu trabalhando, errando, tentando, conquistando.

Por isso, voltando lá aos meus 29 anos, nos dias em que estava deitada imóvel em uma cama, com certeza, naquele momento, eu não tive a capacidade de absorver todo o aprendizado daquela situação. Tampouco, depois de ter recobrado os meus movimentos, estava pronta para viver a minha vida de maneira diferente. Nada disso aconteceu, mas a imobilidade me fez ser mais grata, me deu uma dimensão maior do que, de fato, fazia diferença para mim, me fez perceber a importância do tempo e me instrumentalizou para ser mais forte. Aquela hérnia me fez ser uma pessoa mais atenta aos pequenos sinais, e acabei levando esse aprendizado para todos os âmbitos da minha vida, o que transformou o meu mundo e me deu a possibilidade de construir relações mais profundas e sólidas. Percebo essa característica nos meus filhos e na CIMED, e tenho muito orgulho dessa conquista, da noção de que a presença no agora é uma poderosa revolução. Eu vivo e trago essa experiência da vida para o cotidiano. Eu aprendo com o outro, com as situações, com o contexto.

CONCENTRAÇÃO E FOCO

Por mais contraditório que possa parecer, de fato, algumas pessoas têm muita dificuldade para viver o momento presente. Estar na vida de maneira ausente ou distante daquilo que nos cerca, compromete o desenrolar das situações, prejudica as relações, deixa em suspenso resoluções, atitudes. Eu acredito firmemente que é muito mais benéfico viver a vida no hoje, com consciência deste lugar, e não tenho dúvidas de que a prática da meditação é um dos caminhos mais eficientes para conseguirmos alcançar essa presença. Eu sou uma meditadora e, desde o início da minha prática, percebi mudanças significativas na minha atenção, na aceitação das circunstâncias como elas são e se apresentam. Os ganhos obtidos por meditar todos os dias, por vinte minutos, já foram comprovados por centros educacionais de referência, como a Universidade de Harvard, nos Estados Unidos. Uma pesquisa conduzida por eles apontou que a meditação impacta significativamente as regiões do cérebro relacionadas ao estresse, à empatia e à autoconsciência, por exemplo.

A importância desses resultados foi tanta que fez uma das publicações estadunidenses referência em estudos ligados ao acompanhamento cerebral, a revista *Psychiatry Research: Neuroimaging*[4], publicar diversos artigos sobre a efetividade da meditação nas mudanças estruturais do cérebro, a partir das investigações de Harvard.

Seja como for, a meditação nos capacita a estarmos conscientes do momento presente, prestando atenção ao que está acontecendo no aqui e agora, diminuindo e eliminando pensamentos sobre o passado ou o futuro. Ela nos ajuda a cultivar uma consciência plena do agora e a reconhecer nossos pensamentos, nossas emoções e sensações sem julgamento. O melhor dessa história é que, para isso acontecer, não é preciso vivenciar ou estar em uma situação elaborada. Basta se sentar em uma posição confortável, firme e respirar.

Como a meditação desenvolve a nossa capacidade de concentração e foco, fica mais fácil lidar com uma atividade específica. Em um mundo tão dispersivo como o nosso, essa é, no mínimo, uma ajuda e tanto.

[4] Powell, Alvin. When science meets mindfulness. Researchers study how it seems to change the brain in depressed patients. The Harvard Gazette, 2018. Disponível em: https://news.harvard.edu/gazette/story/2018/04/harvard-researchers-study-how-mindfulness-may-change-the-brain-in-depressed-patients/. Acesso em: 16 de julho de 2023.

155

TER VIDA NA VIDA

08

PROCURO FAZER AS ATIVIDADES QUE ACREDITO E ME PREENCHEM, E ISSO ENVOLVE TROCA, COMPROMISSO, DEDICAÇÃO E ATENÇÃO.

Cresci ouvindo meu pai falar que a "sorte" o havia encontrado, às 4h30, no ponto de ônibus. Quando adolescente, ao ouvi-lo falar aquilo, eu me perguntava: "Mas que 'sorte' é essa estar às 4h30, no relento das madrugadas, em um ponto de ônibus, quando tudo ainda está escuro e gelado? (pelo menos no Sul e Sudeste do Brasil)". Não demorou muito para eu entender a resposta. Era a "sorte" de quem tinha a disposição para enfrentar os desafios do cotidiano e perseguir os seus sonhos. A "sorte" de quem tem saúde para trabalhar e deseja ser produtivo. Muito cedo entendi que aquela era a minha "sorte" também.

Eu me lembrei dessa fala do meu pai, que é um ditado bastante popular, porque estava refletindo sobre uma importante questão para mim: "É preciso estar na vida para gerar mais vida". Este, por sinal, é o tema central deste capítulo. A importância de viver para gerar mais vida. Mas como se faz isso? Como é possível gerar vida na vida? O trabalho, com certeza, é um desses caminhos. Mas, quando eu penso sobre as atividades profissionais, não as estou relacionando, por exemplo, com o simples fato de se ganhar dinheiro ou algum status. Há algo a mais nessa situação.

TRABALHAR É GERAR UM VALOR INTANGÍVEL, É REALIZAR SONHOS E PROJETAR SENTIMENTOS E DESEJOS.

Nesse sentido, o trabalho é uma forma de materializar a subjetividade dessas questões. Claro, ganhar dinheiro é muito importante. Não à toa, dediquei anteriormente todo um texto para refletir sobre a liberdade financeira e a autonomia que ela nos proporciona, mas é importante ressaltar que não sou apegada ao dinheiro em si. O dinheiro não pode ser o fim em si mesmo. Eu o uso para me proporcionar coisas boas, para viver com conforto, mas eu não trabalho unicamente pelo dinheiro. Para mim, essa dinâmica não faz sentido algum. É limitante. E, antes de eu ser mal compreendida, essa afirmação não tem relação com a fato de eu estar à frente de uma das empresas mais bem-sucedidas do setor farmacêutico do Brasil, a CIMED. Nossa empresa, aliás, só chegou aonde chegou (e vamos muito além), porque a gente sempre acreditou em nossos sonhos, porque, como revela a nossa missão corporativa, a gente sempre se preocupou em levar bem-estar às pessoas. Esses são motivos maiores, organizam a nossa gestão, nossa estrutura institucional, nossa operação. Esse fato, contudo, não tira de mim a consciência do valor do dinheiro, a importância de compreender o uso de cada centavo.

Eu tenho uma profunda indignação por quem acredita que os valores financeiros não têm significado. Não é pela quantia em si, não importa o valor (R$ 75; R$ 750; R$ 7.500; R$ 7 milhões), o importante é haver um destino, um propósito para cada valor. Eu olho para o dinheiro em vez de contá-lo. Há uma significativa diferença nessa ação, no uso desses verbos – "olhar" e "contar".

PERGUNTE-SE: VOCÊ GASTA OU INVESTE O SEU DINHEIRO?

Essa pergunta torna-se mais interessante de ser feita se houver a substituição da palavra "dinheiro" por "tempo".

PERGUNTE-SE: VOCÊ GASTA OU INVESTE O SEU TEMPO?

Eu, Karla, invisto o meu tempo, não o gasto; e ajo da mesma forma com o meu dinheiro. Eu invisto o meu dinheiro, não o gasto. Faço esse investimento tanto de dinheiro quanto de tempo em coisas que considero importantes. É nesse sentido que penso a minha relação com o dinheiro e, a partir desse paradigma, estipulo os meus valores. Por isso, não trabalho pelo dinheiro em si, mas pelo valor que ele me gera, pelas ações que podem ser feitas a partir dele, pelo aprendizado que posso absorver. Daí, torna-se mais evidente a compreensão de que olhar para os centavos é importante, é uma atitude que ajuda e muito a se atingir os objetivos definidos. Cada centavo tem o seu valor. Agir dessa forma é uma das maneiras de gerar vida na vida.

A IMPORTÂNCIA DA PRESENÇA

Eu acordo para realizar propósitos de vida. Ao tomar tal atitude, sinto que, constantemente, estou gerando ganhos, sejam quais forem, e esses ganhos proporcionam coisas boas. Tenho convicção de que esse é também um comportamento proveniente da educação dos meus pais e que eu assimilei. Ele está ligado à maneira positiva como me relaciono com os acontecimentos da vida e com a minha postura de estar eternamente atenta. Ter esse comportamento não me cansa, por mais contraditório que possa parecer.

Nas redes sociais, eu recebo muitas perguntas se a minha rotina não é cansativa. Se a rotina do trabalho (puxada), em conjunto com as demais atividades de ser mãe, esposa, amiga, em alguns momentos não se torna pesada.

Na CIMED, a gente é muito "ligado". É como se operássemos em alta rotatividade a todo o momento. De fato, é impressionante. Essa característica está em nosso DNA como empresa familiar e se mostra viva entre os colaboradores. Quem trabalha conosco também é assim, porque são profissionais de alto desempenho. Em uma alusão, é como se fossem atletas de alta performance. Essa postura é consequência de estarmos envolvidos em um turbilhão de atividades. Por isso, não é raro eu sair do escritório depois das 20h30 e, no dia seguinte, estar de volta antes das 7h. Quando algumas pessoas percebem a persistência dessa dinâmica, questionam por que me submeto a essa rotina desgastante se sou financeiramente estável.

Em certa ocasião, uma senhora, em uma das minhas redes sociais, me mandou uma mensagem dizendo que eu deveria trabalhar menos, porque "iria morrer e Marcelo, em menos de um ano, já estaria casado com outra". Confesso que o pensamento dela me fez sorrir e a contestei afirmando que "estava tudo certo. Eu trabalho o tanto que trabalho porque me divirto. Para mim, estar na CIMED não é um peso, algo que tenha de carregar de forma mal-humorada. De jeito nenhum. E tem mais: minha relação com Marcelo é bem resolvida. Nós nos compreendemos, respeitamos nossas decisões, nos admiramos e nos amamos. Tanto é que, do ponto de vista de nossa rotina, jantamos juntos todos os dias, além de conversarmos muito e, ainda por cima (veja só), dormirmos na mesma cama. Está tudo ótimo".

ME FAÇO PRESENTE NO PRESENTE.

Tenho a impressão de que a minha rotina não se torna pesada porque estou presente onde estiver. Comigo a missa é de corpo presente, não tem essa história de figurante. Eu colaboro e interajo na situação, seja ela qual for.

Em qualquer lugar da vida, é preciso estar ali, encontrar espaço para se posicionar, se expressar, demonstrar o que se pensa. Gosto muito da ideia do compartilhamento quando se está sentado à mesa.

Quando se está à mesa, seja da refeição, do trabalho, da escola, há uma relação direta com o fato de compartilhar experiências, trocar vivências e pontos de vistas. Esse espaço propicia o surgimento de diálogos. À mesa, podemos conversar. Quando essa situação não acontece espontaneamente, vale se questionar: por que você está sentado com outra pessoa ou com aquele grupo de pessoas? Será que o seu silêncio não indica que é hora de mudar, partir para outros ambientes?

Esses questionamentos me remetem a outra de minhas características, a de não ter um grau elevado de desconforto. Eu até posso sentir desconforto se uma roupa me apertar, se comer

algo que me faça passar mal, mas, nas relações familiares, sociais, profissionais, eu não sinto desconforto algum, porque falo sobre o que me incomoda, pergunto quando tenho dúvida, troco de ambiente se percebo não ser mais bem-vinda.

EU SEI DIREITINHO O QUE EU QUERO DA MINHA VIDA E AONDE QUERO CHEGAR.

Então, eu faço as coisas acontecerem da minha maneira visando construir um ambiente que facilite que as atividades ocorram como eu havia planejado. Nesse sentido, resolvo com assertividade as situações que estão sob a minha responsabilidade, sob o meu controle. Em outras palavras, as minhas tarefas, eu realizo da melhor maneira e o mais rapidamente possível. Com a idade, entendi que aquilo que depende do outro cabe a ele resolver, pouco adianta minha interferência – a não ser que me peçam ajuda e, nesses casos, estou sempre pronta a colaborar.

BUSCO REALIZAR OS MEUS SONHOS SEM ATROPELAR NINGUÉM. PROCURO FAZER AS ATIVIDADES QUE ACREDITO E ME PREENCHEM, ISSO ENVOLVE TROCA, COMPROMISSO, DEDICAÇÃO E ATENÇÃO.

Dessa maneira, dou espaço para sentir as minhas emoções e trabalhar com os meus sentimentos. Daí, surge a minha atenção plena e o meu interesse pela vida.

Eu quero estar onde eu quero estar de fato e, para tanto, preciso estabelecer o meu ritmo, rotina e ritual, o que vai gerar mais motivação e disposição; e, sobre essa questão, gosto de lembrar como não tenho apego algum às minhas decisões.

Mudo de opinião se for convencida pelos argumentos contrários à minha postura. Para mim, essa flexibilidade é saudável. Posso entrar em qualquer lugar e falar: "Não vou fazer". Entretanto, se o meu interlocutor demonstrar os motivos pelos quais estou inadequada, mudo de ideia. Não possuo todos os pontos de vista possíveis sobre qualquer assunto. Aliás, ninguém os possui. Estar aberto ao divergente, aceitar a mudança como uma possibilidade real, amplia a vida.

WORKAHOLIC

Ao passar pelo simbolismo dos 50 anos, eu me entendo sem nenhum constrangimento como uma workaholic, mas esse entendimento não é um ato de vaidade, nem uma imposição a quem trabalha de outra maneira. Trabalhar muito é uma característica minha e não prejudica a minha saúde, tampouco as minhas outras relações fora do ambiente profissional. Hoje, eu não me vejo parando de trabalhar ou diminuindo o ritmo das minhas atividades, mas, no dia em que essa situação for real, não haverá nenhum problema em parar, porque vou viver esse momento sem me lamentar por não ter feito algo, por não ter vivido alguma experiência. Vai estar tudo certo.

ENQUANTO ME SINTO PRODUTIVA, ENQUANTO AS MINHAS ATIVIDADES PROFISSIONAIS FAZEM SENTIDO PARA MIM, NÃO HÁ RAZÃO PARA DEIXAR DE SER PRODUTIVA. CONTUDO, NO DIA EM QUE ESSA ROTINA NÃO FIZER MAIS SENTIDO, PARAR VAI SER MARAVILHOSO.

Mas, como mulher e mãe, além de eu ter muito prazer com as minhas realizações, é extremamente prazeroso ver os meus filhos e meus sobrinhos trabalhando. Acompanhar as descobertas, conquistas e realizações que eles obtêm a partir das suas atividades. A gente compartilha essas experiências, e essas trocas são positivas tanto para eles quanto para mim. Eu tenho a chance de apoiá-los, de incentivá-los, ao mesmo tempo em que aprendo um jeito novo de fazer as coisas.

Em minha trajetória profissional, sempre estive atenta ao que os jovens têm a oferecer. Eles podem trazer o novo, eles têm disposição, são curiosos, os olhos deles ainda brilham nas mínimas conquistas. Esse comportamento é energizante, traz novas perspectivas, amplia a visão de mundo. Por isso, gosto tanto de estar perto dos jovens, independentemente de serem os meus filhos. Talvez, esse seja um dos segredos sobre a boa aceitação do meu conteúdo digital nas redes sociais. É como se eu tivesse facilidade para dialogar com quem tem menos idade. Eu não tenho medo do que eles têm a dizer, tampouco me coloco como uma pessoa que detém todo o saber, que está sempre com a razão. Essa postura, aliás, é muita chata e ultrapassada.

A RELAÇÃO COM OS JOVENS NO AMBIENTE DE TRABALHO É MUITO GOSTOSA.

Engraçado, na empresa, nós celebramos as conquistas, vibramos com as metas atingidas e até ultrapassadas, mas essa celebração é pontual. Ela acontece para demarcar o término de um ciclo e o início de outro.

Esse mesmo espírito de reconhecer os acontecimentos, analisá-los e seguir adiante também é adotado quando os planos não são atingidos. Quando as metas não são batidas.

164

Olhamos para a situação, a analisamos e partimos para a solução. Não ficamos paralisados. Essa característica de seguir é um DNA dos Marques.

O NOSSO DIA A DIA NÃO TEM A VER COM A ACUMULAÇÃO DE RIQUEZA. VAI MUITO ALÉM.

Em 2023, entre os diversos cases de sucesso que temos para contar, um, em particular, exemplifica a nossa capacidade de comemorar os acertos e não ficarmos presos a eles. Pelo contrário, celebramos que a ação deu certo, mas logo agimos para nos superar e nos transformar de modo contínuo. Estou me referindo à história do Carmed, hidrante labial da CIMED que revolucionou o seu segmento no mercado farmacêutico brasileiro, se tornou o nosso segundo produto mais vendido e modificou a maneira como os brasileiros entendem e utilizam hidratante labial.

O Carmed tornou-se um marco. Institutos especializados no acompanhamento de vendas indicaram que o mercado brasileiro de hidratante labial passou de 1 milhão de unidades vendidas ao mês para 5 milhões graças ao desempenho das vendas do Carmed. É um sucesso absoluto. Eu, inclusive, decidi retomar a redação deste trecho do livro, mesmo com ele já todo redigido, para tentar contar de forma mais precisa o gigantismo do seu acontecimento.

O Carmed não era novidade em nosso portfólio. Há muitos anos o fabricávamos, mas, em 2023, modificamos como o produzíamos. Foi como se o produto evoluísse do ponto de vista comercial. Ele manteve a qualidade, mas o tornamos mais atraente ao consumidor. O primeiro passo para a modificação desejada foi firmar uma parceria (uma *collab*) com a fabricante espanhola de doces Fini.

O Carmed comporta sabores em sua fórmula. Isso o torna um produto mais interessante e diversificado, o que é excelente para a sua comunicação de marketing e comercial. Foi aí que nasceu o *Carmed Fini*, que, assim que entrou no mercado, tornou-se objeto de desejo de milhares de pessoas. Foi surpreendente. Não esperávamos uma aceitação tão imediata. Em três dias de vendas, o estoque acabou. Aquele era o sinal de que estávamos fabricando o novo líder do mercado em sua categoria. Precisávamos garantir a sua produção. Agimos imediatamente. Importamos uma máquina da Itália para obtermos mais eficiência na fabricação, e a produção passou a ser feita em três turnos (manhã, tarde e noite). Enquanto isso, as pessoas não paravam de falar sobre o Carmed pela internet. Apenas no TikTok chegamos a 900 milhões de visualizações em vídeos que falavam sobre o lançamento do produto. Nos tornamos um dos principais cases mundiais do TikTok em 2023.

Estou usando essa quantidade de visualizações, por mais expressiva que seja, como referência para dimensionar o tamanho do interesse das pessoas. No momento em que você estiver lendo essa informação, ela já será outra. Há outros milhões de visualizações em outras redes sociais. Além disso, após a nossa *collab* com a Fini, que foi pontual, desenvolvemos novos sabores para o Carmed.

No dia, por exemplo, da live comercial feita com Maysa e Larissa Manoela, como garotas-propagandas, para anunciar o *Carmed BFF*, em vinte minutos da live, vendemos 40 milhões de reais. A ação teve de ser interrompida, porque a procura não parava e poderíamos comprometer a entrega dos pedidos.

ESPONTANEIDADE

O desempenho fenomenal de vendas do Carmed é fantástico, e parte dele se explica pelo que escrevi um pouco antes neste capítulo, quando refleti sobre o fato de que o dinheiro é uma consequência de ações elaboradas e realizadas a partir de um propósito, tendo um valor como base. Toda a ação de marketing do *Carmed Fini*, que deu início ao seu sucesso de venda, aconteceu de forma espontânea. Ela surgiu da nossa relação com as pessoas pelas redes sociais, e tive protagonismo nessa situação.

Como faço normalmente, usei as minhas redes sociais para dar visibilidade aos produtos que fabricamos, mas o diferencial dessa iniciativa tem relação com algumas de nossas características como empresa: agilidade, senso de oportunidade, trabalho em equipe e produtos de qualidade, que começou quando a Fini nos procurou para uma parceria na distribuição das suas balas na rede de farmácias independentes. Foi ali, naquele momento, que Juliana teve a ideia de propor uma *collab*.

Juju está à frente de novos negócios e inovação na empresa e intuiu a possibilidade de uma parceria entre o nosso produto e os produtos da Fini. Em um curto espaço de tempo, acertamos os detalhes do acordo, desenvolvemos o produto e partimos para a fabricação e distribuição. Um produto, porém, não se vende só porque ele existe. É preciso um plano de marketing e divulgação que destaque as suas qualidades e o coloque próximo dos consumidores. Nessa área, temos uma equipe de ponta, um dos melhores grupos de profissionais do setor farmacêutico. Porém, como toda a nossa família está nas redes sociais, a gente utiliza esse canal de comunicação para ajudar na divulgação do portfólio da CIMED. Nesse sentido, quando é indicado, seguimos, inclusive, um cronograma de divulgação definido pelo marketing, mas aquele não foi o caso quando do anúncio do *Carmed Fini*.

168

169

Em uma das minhas visitas de rotina à fábrica, postei o primeiro lote que estava sendo fabricado do Carmed Fini Bananinha, de repente, o número de *viewers* da minha postagem cresceu. Depois disso, outras pessoas da nossa família usaram as suas redes sociais para falar sobre o produto, e, dali em diante, a situação ganhou dimensões espetaculares, foi quando decidi ser mais ativa na sua divulgação.

Fui até a nossa fábrica e voltei de lá com caixas repletas de bisnagas do Carmed. Ao chegar em São Paulo, pedi que comprassem quilos dos produtos da Fini que tínhamos incorporado o sabor no Carmed. A minha ideia era mandar o nosso produto em conjunto com as balas Fini para algumas influenciadoras. Queria que comprovassem que o sabor do Carmed estava igual ao da bala. Assim o fiz. Comprei alguns quilos dos doces e, na minha sala da empresa, eu mesma preparei os pacotes para enviar pelos Correios. Detalhe: como a ação não estava programada pelo marketing, arquei pessoalmente com os custos.

Após montar todas as embalagens, escrevi à mão uma carta para cada pessoa que iria receber a embalagem. Havia caixas de todos os tamanhos, porque eu as montava de acordo com quem iria recebê-las. Se a pessoa era casada e tinha filhos, a caixa era de um tamanho; se ela fosse solteira, o tamanho seria outro; e assim por diante.

Preparei cada um daqueles envios pensando em quem iria recebê-los. As pessoas entenderam que estavam recebendo algo meu, que aquelas caixas não faziam parte de uma ação impessoal, montada por terceiros. O retorno positivo foi imediato. As influenciadoras postaram o recebimento das embalagens nas redes sociais, comentando o que achavam do produto. Não deu outra, os comentários eram todos elogiosos. Elas se surpreendiam como o Carmed tinha o gosto da bala. A partir dali, começamos a acompanhar as métricas das redes sociais e o que observamos era o seu crescimento vertiginoso, saindo dos milhares para os milhões, assim como as projeções do faturamento do produto.

Nos últimos meses de 2023, fizemos a Casa Carmed em um dos shoppings da zona Oeste da cidade de São Paulo. Por lá, montamos uma estrutura para falar sobre o produto e mostrar as suas versões. Tínhamos certeza de que iríamos chamar a atenção, mas essa também foi uma atividade que nos surpreendeu. Aliás, a surpresa foi nossa e da administração do shopping, que havia previsto uma visitação diária de 600 pessoas, aproximadamente. Eles estavam enganados. A visitação passou de mil pessoas ao dia, chegando a 4 mil pessoas ao dia em algumas ocasiões.

A HISTÓRIA DO CARMED É MAIS UMA HISTÓRIA DE SUCESSO DE NOSSO PORTFÓLIO, QUE SURGE DO NOSSO JEITO DE SER.

Particularmente, diante de tantas ações bem-sucedidas, concentro o meu olhar em perceber a satisfação e a felicidade das pessoas em usar os nossos produtos. Para mim, esse é um dos maiores indicadores de sucesso do meu trabalho. Quando as pessoas compram algo que produzimos porque querem, porque gostam, porque confiam, nossa qualidade está demonstrada. Esse também é indicador de valor que transcende o dinheiro. Ele fala de realização, sobre entregar algo, construir alguma coisa.

Em 2023, mudamos a trajetória do Carmed, que vai seguir com novas ações, novas parcerias e um calendário incrível de atividades ao longo dos próximos anos. Muita coisa boa está em execução nos bastidores e, aos poucos, serão apresentadas às pessoas que se mantêm com um alto interesse em saber as novidades. Tenho um imenso prazer em transmitir esse sentimento aos meus filhos e sobrinhos.

LEGADO

No passado, quando começamos nossas vidas profissionais, meu irmão e eu tínhamos uma grande vontade de termos as coisas. Queríamos dinheiro para ter os bens materiais aos quais ainda não tínhamos acesso. Para os nossos filhos, a história é diferente. Ter dinheiro ainda é importante, mas não deve ser o maior desejo deles, pois já nasceram tendo essa condição. No entanto, o que eles precisam é entender a dimensão e importância da nossa estrutura como empresa; observar o impacto causado na vida das pessoas pelo lançamento de um produto, como aconteceu com o Carmed; perceber o crescimento profissional dos colaboradores tanto do ponto de vista técnico, de sua capacitação, quanto sob a ótica financeira.

Eu fico tão feliz quando um funcionário da CIMED me fala: "Estou recebendo o apartamento que eu comprei". É muito gratificante entender que o nosso dia a dia, mesmo que indiretamente, proporciona essa condição às pessoas. Perceber que tudo isso está acontecendo porque, em algum momento dos anos de 1970, o meu pai e a minha mãe apostaram em seus sonhos, nos seus desejos, dando espaço assim para que tudo isso pudesse acontecer.

Até hoje, me encanto com a capacidade empresarial do meu pai. Ele tinha um imenso senso de oportunidade, um olhar assertivo. Quando menos se esperava, ele saia com alguma ideia decisiva, nos mostrava algum caminho próspero, indicava uma situação na qual construiríamos um empreendimento consistente. Ele realizou tanta coisa em vida que ainda nem consigo definir claramente toda essa sua capacidade.

Estou certa de que ele passou por esta vida e realizou todos os seus desejos e teve muita vida na vida, porque contribuiu com milhares de pessoas, compartilhou experiências, adquiriu conhecimento e nunca parou de crescer. Ainda bem que ele teve tanta sorte assim às 4h30 da madrugada quando esperava o ônibus passar.

UMA ATITUDE POSITIVA NA VIDA

Ser quem se é traz muito mais satisfação para a vida. Essa é uma das ideias centrais da psicologia positiva, que é uma abordagem psicológica centrada no estudo e na promoção dos aspectos positivos da experiência humana. Esse campo de estudo busca entender quais atitudes e fatores aumentam o bem-estar. A ideia é dar significado à vida. Gratidão, otimismo, resiliência, satisfação com as conquistas, engajamento em atividades significativas e desenvolvimento de relacionamentos saudáveis são aspectos que, de acordo com a psicologia positiva, promovem o bem-estar. Eu acredito em todos eles. Eles me modificaram e me deram espaço para ser mais criativa, mais corajosa, resiliente e interessada no novo. Importante dizer que a psicologia positiva não nega o fato de existirem as dificuldades e os desafios, mas a sua prática tenta equilibrar a compreensão dos possíveis aspectos negativos com a promoção dos aspectos positivos. Ao fazer isso, a gente tem mais chance de viver uma vida plena. Cultivar emoções positivas constrói uma vida muito mais gratificante.

175

UMA VIDA MAIS SATISFATÓRIA E COM SENTIDO

09

PLANTE AMOR E AMOR COLHERÁ.

Desde a minha infância, venho aprendendo que as nossas virtudes são poderosas ferramentas capazes de nos transformar radicalmente quando as utilizamos com foco e persistência. Elas estão ao nosso alcance, prontas para impulsionar mudanças significativas ao longo do caminho. Aliás, esse é um dos motivos pelos quais valorizo tanto a coragem, gratidão, esperança, generosidade e resiliência — são atitudes e sentimentos essenciais à vida. Cultivá-los e saber expressá-los deixa tudo mais leve, positivo e possível. Sim, ter emoções positivas é uma das fórmulas para construirmos uma vida gratificante e próspera.

Entre essas situações, contudo, há uma que também considero muito significativa e, na medida em que os capítulos deste livro estavam sendo escritos, percebi que ela não havia aparecido com a relevância que ela tem em meu cotidiano.

A VIDA É MUITO MELHOR QUANDO TEMOS AMIGOS.

A amizade é um dos laços sociais mais valiosos que podemos ter. Com os amigos, estabelecemos uma relação de confiança, empatia e reciprocidade. Amigo é aquele que é feliz quando você está feliz, que está triste quando você está triste, que está presente no dia a dia, independentemente das circunstâncias. Amigo é aquela pessoa que você pode contar e não está ao seu lado para julgar você. Ele o acompanha ao longo dos anos, e essa relação fraternal vai ganhando novos contextos. Se atualiza com os acontecimentos vividos. Tenho a sorte de ter pessoas assim por perto e, quando reflito sobre essa questão, rapidamente surge em meus pensamentos a figura de Taciana Veloso, minha amiga desde os 3 anos. Nós nos conhecemos no colégio e nunca mais nos largamos. Crescemos juntas e compartilhamos nossas histórias de vida. Não à toa, pedi a ela que escrevesse o prefácio deste livro. Até porque Taci, como a chamo, é uma das responsáveis pelo surgimento deste projeto. Ela percebeu a minha capacidade de me comunicar pelas redes sociais e foi a minha grande incentivadora nessa empreitada de mostrar um pouco da minha vida de forma on-line. Este livro é decorrência desse fato. Ou seja, ele é um reflexo de nossa amizade, e eu adoro que seja assim, pois somos testemunhas da caminhada uma da outra.

Quando jovem, pensávamos sobre o futuro e nos perguntávamos se "daríamos certo na vida". Hoje, nos olhamos, nos abraçamos, e fazemos questão de afirmar: "Sim! Demos certo". Esse dar certo, contudo, tem a ver com as nossas transformações, com a superação das inseguranças, com a certeza de que, ao olhar para o mundo de maneira otimista, a vida nos mostra o caminho para chegarmos aonde quisermos.

A minha tchurma do coração.

Eu tenho um orgulho gigantesco das conquistas de Taci, uma das melhores empresárias de assessoria de imprensa do Brasil. O trabalho dela é impecável, tem paixão, comprometimento e dedicação. Características de sua personalidade que ela leva para o ambiente profissional. Ao final do dia, isso faz a diferença. Dá originalidade e excelência à prestação de serviço que ela realiza. Esse mesmo envolvimento, eu também identifico em sua vida pessoal. Ela construiu uma linda família com paixão, comprometimento e dedicação. Isso é o que sinto quando penso que "demos certo na vida", porque tornamos essa realidade possível com muito empenho, muito trabalho e permanecendo atentas aos acontecimentos ao nosso redor.

BEM-ESTAR

A vida inteira Taci me agregou algo, assim como eu agreguei algo a ela. A gente se completa, eu sendo mais atirada e ela mais certinha e comedida. Por isso, aliás, temos certeza de que somos aquelas pessoas que estarão sempre ali, disponíveis a qualquer momento, para viver o que tiver de ser vivido. Esse tipo de cumplicidade tenho com poucas pessoas e é uma situação extremamente reconfortante, porque me dá a sensação de acolhimento.

O meu relacionamento com Taci estabeleceu, para mim, uma referência muito significativa sobre amizade, o que é positivo porque consigo rapidamente perceber quando as relações fraternais estão sendo superficiais. Entendo que muita gente deixa de construir vínculos de amizade significativos e vivem relações de ocasião. Isso não é amizade e não contribui em nada à nossa evolução.

AMIZADES PROPORCIONAM BEM-ESTAR EMOCIONAL, INFLUENCIAM DE MODO POSITIVO DIVERSOS ASPECTOS DA VIDA, TORNANDO-A MAIS PLENA E FELIZ. É UMA PODEROSA FONTE DE APOIO SOCIAL.

Uma vida emocionalmente equilibrada exige que tenhamos relações fraternais bem-constituídas, porque amigos nos oferecem suporte emocional para enfrentarmos os momentos de dificuldades e os desafios, assim como se fazem presentes nas comemorações das conquistas. Eles nos fornecem um espaço seguro para o compartilhamento de sentimentos e experiências. Essas conexões, uma verdadeira rede de apoio, aumentam a nossa resiliência diante da adversidade, reduzindo ainda o estresse e a solidão – o que vai, claro, melhorar nossa saúde mental. Como reconheço todos esses benefícios, eu sigo disposta a fazer novas amizades.

COMPARTILHAMENTO

Uma vez, uma amiga me falou: "Estou velha para fazer novas amizades". Refleti sobre a afirmação e entendi que discordo desse pensamento, porque percebo a minha transformação ao longo do tempo. Não sou a mesma Karla adolescente, nem a mesma Karla de dez anos atrás, compreendo que preciso encontrar pessoas que estejam alinhadas com quem eu sou hoje para estabelecer diálogos e compartilhar interesses comuns. Ou seja, a gente precisa atualizar as amizades e, sim, estar aberto a quem se aproxima, pois é provável que algumas dessas pessoas vão estar em mais sintonia com quem você é hoje. Nesse sentido, as redes sociais têm me ensinado muito. Eu adoro conversar com quem está nesse universo, e esse meu interesse está me fazendo descobrir diversas características de minha personalidade que jamais imaginei ter.

Como seres humanos, a gente precisa do coletivo. Não somos seres individuais que vivem bem sozinhos. Precisamos da troca de conhecimento e do compartilhamento das experiências. A gente precisa do outro. Esse é um dos motivos pelos quais acho as redes sociais tão bacanas, porque nelas temos a chance de encontrar quem pensa parecido conosco, quem compartilha os mesmos valores, quem tem uma atitude semelhante. Isso é bem gostoso. E, de fato, eu toco histórias de vida que são muito tocantes.

Em certa ocasião, o pai de uma criança autista me mandou uma mensagem emocionado pelo fato de o seu filho ter falado as suas primeiras palavras. Foi muito gratificante ter percebido que criei aquele espaço de escuta para alguém. A mensagem enviada por ele fazia total sentido, afinal, dia sim, dia não, eu falo dos meus filhos. Eu os mostro. Vibro com as conquistas de cada um deles. Trago histórias engraçadas. Exponho parte de nosso relacionamento. O meu espaço no mundo virtual, portanto, é um espaço em que falar sobre filhos é algo importante, tem significado. Como para aquele pai, o fato de o seu filho autista ter conseguido falar foi um momento extremamente significativo, uma daquelas ocasiões em que a gente, como pai e mãe, transborda de felicidade e quer sair, pelo mundo, contando o "grande feito" das nossas crianças.

É muito gostoso ter essa troca com as pessoas, aprendo muito. Ela me faz perceber o quanto a amizade também pode ganhar outros contornos no mundo virtual, que nos abre possibilidades únicas de interação. Ao final do dia, nós entendemos que esses relacionamentos nos ensinam, nos fazem evoluir. Esse sentimento é maravilhoso. Ah, e tem mais.

Estar com a tchurma nas redes sociais é superdivertido, sempre gostei de estar em rodas de conversa entre amigos em que a gente tem a liberdade para fazer brincadeiras saudáveis uns com os outros, respeitando os limites de cada um, obviamente. É divertido, e levo esse meu espírito brincalhona para as redes sociais.

"KARLA, ACOMPANHO O SEU DIA A DIA PELO TIKTOK E ADORO. ESTOU ENCANTADA COM A SUA PERSONALIDADE E SIMPATIA. OBRIGADA POR COMPARTILHAR A SUA ROTINA. SEM DÚVIDA, SE EXISTISSEM MAIS KARLAS NO MUNDO, ELE SERIA UM LUGAR BEM MELHOR E INSPIRADOR. OBRIGADA POR SER TÃO INSPIRADORA DE UMA MANEIRA TÃO LEVE."

*Depoimentos enviados às minhas redes sociais.

"COMO MULHER, EU FICO IMENSAMENTE FELIZ EM VER MULHERES À FRENTE DE NEGÓCIOS VISIONÁRIOS E TÃO IMPORTANTES. EU TRABALHEI EM UMA EMPRESA POR CINCO ANOS E 95% DA MINHA LIDERANÇA ERA FEMININA. EU VIVI MUITOS ANOS PROFISSIONALMENTE APRENDENDO E AMADURECENDO COM MULHERES FANTÁSTICAS, E, COM CERTEZA, VOCÊ É UMA DELAS. TE ADMIRO. VOCÊ ME INSPIRA."

Muitas vezes, por minha posição na empresa, acham que sempre sou séria. De fato, tenho momentos de muita seriedade porque determinadas situações demandam esse comportamento, mas eu também tenho momentos de muita descontração. Esse é um equilíbrio que faço questão de manter. A vida é mais leve dessa forma.

A AMIZADE É UM DOS MEIOS PELOS QUAIS AS PESSOAS PODEM EXERCER AS SUAS FORÇAS E VIRTUDES.

Um relacionamento fraternal verdadeiro permite que as pessoas se sintam aceitas e valorizadas por ser quem são. Assim, é bem mais fácil crescer na vida e ter autenticidade, porque, afinal de contas, os amigos se apoiam e se encorajam a explorar e desenvolver as qualidades uns dos outros. E quando essa situação acontece, a gente é grato; e quando a gratidão está envolvida, o círculo da vida torna-se virtuoso com mais afeto, alimentando um jeito de viver mais saudável e enriquecedor. Amigos nos engajam em atividades prazerosas e significativas. Juntos, compartilhamos interesses, hobbies e experiências, e essa troca aumenta a sensação de felicidade e satisfação pessoal. É como se o tempo voasse e nos sentíssemos completamente envolvidos no que estamos fazendo, encontrando um senso de propósito e significado.

MÃE DOS MEUS FILHOS, AMIGA DO MEU MARIDO

Eu faço o possível para estar perto dos meus filhos, para que eles saibam que podem contar comigo em qualquer situação e que não há barreiras ou limites para eles me falarem sobre seus desejos, dúvidas e planos, mas, em momento algum, eu esqueço que sou a mãe deles. Tenho uma excelente relação afetiva com eles baseada na maternidade.

Eu me sinto muito feliz em ser mãe de cada um deles e tenho certeza de que a maneira como Marcelo e eu construímos nosso relacionamento com os nossos filhos foi fundamental para que crescessem com os mesmos valores em que nós acreditamos. Ao amadurecer, eles têm conseguido assimilar esses ensinamentos, o que só aumenta o meu orgulho pelos três adultos que eles estão se transformando. Com certeza, essa conquista na educação deles é mais um exemplo da minha parceria com Marcelo, que, além de meu marido, é meu amigo.

Eu acho que no final é assim, se você tem um bom relacionamento, mesmo que ele seja amoroso, essa situação está ligada à amizade, tanto é que tem muito casamento que acaba quando a relação sexual deixa de existir. Ser amigo de seu marido ou sua esposa é um dos segredos para um casamento durar. Quando tudo está desmoronando é muito limitado manter uma relação de casal só pelo sexo. Ter uma boa relação na vida com a pessoa que você escolheu para viver é crucial para se ter um casamento mais completo e feliz.

CUMPLICIDADE

Em 2023, Marcelo e eu comemoramos vinte e cinco anos de casados. Fizemos uma festa maravilhosa, onde tivemos a honra e o prazer de receber, como convidados, pessoas que fizeram a diferença em algum momento das nossas vidas. A celebração das bodas de prata, diferentemente de nossa festa de casamento (que marcava o início de uma nova vida para mim e para ele), foi uma comemoração do sucesso dessa vida a dois. Nessas mais de duas décadas de convívio, passamos por muitas situações, muitos momentos de alta e outros nem tanto. As questões de saúde dos nossos pais, que nos marcaram profundamente; o meu desenvolvimento profissional; as suas mudanças e conquistas profissionais – essas foram algumas das circunstâncias que nos afetaram. Entretanto, ao longo desses acontecimentos, algo se manteve constante. Sempre estivemos um ao lado do outro nos apoiando.

Assim como procuro incentivar Marcelo em seus assuntos profissionais (ou em qualquer outra circunstância em que a minha presença seja necessária), ele é um dos meus maiores incentivadores. Ele vibra com tudo o que acontece comigo e se faz presente para me ajudar a resolver qualquer questão não tão positiva que apareça. Esse jeito dele de ser o faz um homem mais feliz e realizado, porque ele coloca a sua energia naquilo que, de fato, faz sentido para a gente; e uma dessas situações é saber que o outro está realizado. Marcelo sempre teve o meu respeito por ser assim. Nós temos uma troca intensa de experiências, pontos de vistas, expectativas; e essa situação fomenta nossa amizade e nosso relacionamento. A troca, aliás, é uma das chaves para as minhas amizades.

A condição financeira das pessoas nunca foi um balizador para as nossas relações. Estou sempre atenta àquilo que as pessoas têm a oferecer a partir das suas histórias de vida, por meio das suas experiências. É uma questão de estar conectada com a humanidade do outro, com as vulnerabilidades demonstradas e à maneira como agem para superar as circunstâncias em que estão envolvidas.

Em contrapartida, eu também procuro entender como as pessoas se sentem com a minha presença, com a minha história. Essa é para mim uma troca poderosa, um sinal de verdade nos relacionamentos. Pensar dessa maneira foi, talvez, o que tenha tornado a nossa celebração de vinte e cinco anos de casados tão especial.

Naquele 18 de março, fomos cercados por um imenso carinho de pessoas com as quais tínhamos um forte vínculo, independentemente do tempo de convívio. Aque a comemoração foi muito especial nem só pela noite em si, que passou muito rápido, mas pelo fato de termos aproveitado, de termos curtido cada etapa de sua preparação desde o momento em que decidimos fazê-la

Todo o processo de organização da festa foi comandado por nosso filho Pedro, que se dedicou de corpo e alma para fazer daquela noite inesquecível. A gente transformou a nossa casa, e realizei um antigo sonho que era ter um show de Ivete Sangalo para marcar a data. A gente curtiu cada etapa daquela organização. Esse é outro aspecto de aprendizagem com Marcelo. Precisamos aproveitar as etapas daquilo que fazemos na vida. Em outras palavras, a gente tem de aproveitar a caminhada, não só a chegada em si. Por isso, a preparação das nossas bodas de prata foi tão significativa, porque celebramos o nosso amor e amizade tanto no dia da festa como em todas as semanas de sua organização.

Aquele 18 de março de 2023 ficou marcado em minha vida. E como foi emocionante ouvir o discurso de cada um dos meus filhos sendo encerrado pela benção do Padre Fábio de Melo, por quem tenho uma enorme admiração! Aliás, tê-lo conosco naquele dia foi outro momento especial. A sua participação aumentou a minha certeza de que as coisas não acontecem por acaso.

Após fazer uma linda fala sobre o matrimônio, ele encerrou o seu pensamento cantando a canção de Roberto Carlos, "Como é grande o meu amor por você".[5] Aquele foi um momento de profunda emoção. O padre não sabia, mas aquela fora a música que cantamos para a minha mãe em seu último aniversário.

A PREPARAÇÃO E A CELEBRAÇÃO DAS MINHAS BODAS DE PRATA COM MARCELO REAFIRMARAM A MINHA CERTEZA SOBRE O QUANTO É FUNDAMENTAL, DIARIAMENTE, COMEMORARMOS A VIDA, RECONHECENDO E VALORIZANDO AS NOSSAS CONQUISTAS.

Cultivar a prosperidade, a despeito do entendimento de cada um, tem de ser algo diário. Por isso, celebro a minha vida a cada minuto. Eu escolho celebrar. Esse comportamento é o exemplo vivo do círculo da prosperidade, que é quando algo bom atrai outra coisa boa, e você segue assim pela vida, nesse ciclo de coisas boas.

De alguma forma, esse ciclo está ligado à prática da gratidão, porque ser constantemente grato pela vida e por suas experiências fortalece a nossa resiliência emocional e contribui para um olhar mais otimista sobre a realidade, com mais sentido e propósito na vida.

AO COMPREENDERMOS O PROPÓSITO MAIOR DE NOSSAS AÇÕES E ASPIRAÇÕES, DESENVOLVEMOS UM SENSO DE DIREÇÃO E SIGNIFICADO, TORNANDO A VIDA MAIS SATISFATÓRIA E COM SENTIDO. AS AMIZADES SÃO FUNDAMENTAIS PARA A CONSTRUÇÃO DESSA REALIDADE.

---

[5] COMO é grande o meu amor por você. Intérprete: Roberto Carlos. In: EM RITMO de Aventura. Rio de Janeiro: Sony Music, 1967. Faixa 2.

Eu quero que Eduardo, Juliana e Pedro realizem os seus sonhos.

A IMPORTÂNCIA DAS AMIZADES NA SAÚDE MENTAL E NO BEM-ESTAR

A presença de amigos verdadeiros impacta de modo profundo a saúde mental e o bem-estar ao longo da vida. Diversas pesquisas têm apontado que manter laços fortes com amigos de infância é fundamental ao desenvolvimento de uma mente mais saudável.

Estudos publicados[6] em periódicos acadêmicos dos Estados Unidos, voltados à investigação do desenvolvimento infantil, analisaram 169 adolescentes de diferentes origens e condições socioeconômicas ao longo de três idades: 15, 16 e 25 anos. Os resultados revelaram que aqueles que mantiveram amizades duradouras desde a infância, aos 25 anos, apresentavam menos sintomas de ansiedade, maior autoestima e menor tendência à depressão. A qualidade das amizades mostrou ser mais relevante do que a quantidade de conhecidos. Ou seja, ter um círculo social mais amplo nem sempre se traduz em maior bem-estar psicológico.

As amizades próximas moldam a maneira como enxergamos o mundo e até a nossa própria identidade – é o que indicam levantamentos sobre a dinâmica dos relacionamentos. A psicologia define esse fenômeno como "autoexpansão", no qual o senso de identidade cresce à medida que as amizades se aprofundam. Por isso, as conexões emocionais surgidas das amizades desempenham papel tão significativo em como percebemos o mundo e a nós mesmos. Nossos amigos mais próximos são parte essencial de quem somos, e o melhor, as amizades continuam relevantes ao envelhecermos.

O periódico *Journals of Gerontology*[7], da Universidade de Oxford, no Reino Unido, apontou que os idosos com interações sociais mais frequentes com seus familiares e conhecidos desfrutam de melhores índices de saúde e bem-estar emocional. É possível, então, afirmar que amizade é algo valioso em qualquer fase da vida. É um suporte emocional fundamental.

[6] Narr, Rachel K; Allen, Joseph P; Tan, Joseph S; Loeb, Emily L. Close Friendship Strength and Broader Peer Group Desirability as Differential Predictors of Adult Mental Health. Society for Research and Child Development, 2017. Disponível em: https://srcd.onlinelibrary.wiley.com/doi/abs/10.1111/cdev.12905. Acesso em: 13 de agosto de 2023.

[7] To Ng, Yee; Huo, Meng; Marci E Gleason; Neff, Lisa A; Charles, Susan T; Fingerman, Karen L. Friendships in Old Age: Daily Encounters and Emotional Well-Being. National Liobrary of Medicine, 2021. Disponível em: https://www.ncbi.nlm.nih.gov/pmc/articles/PMC7887723/. Acesso em: 13 de Agosto de 2023.

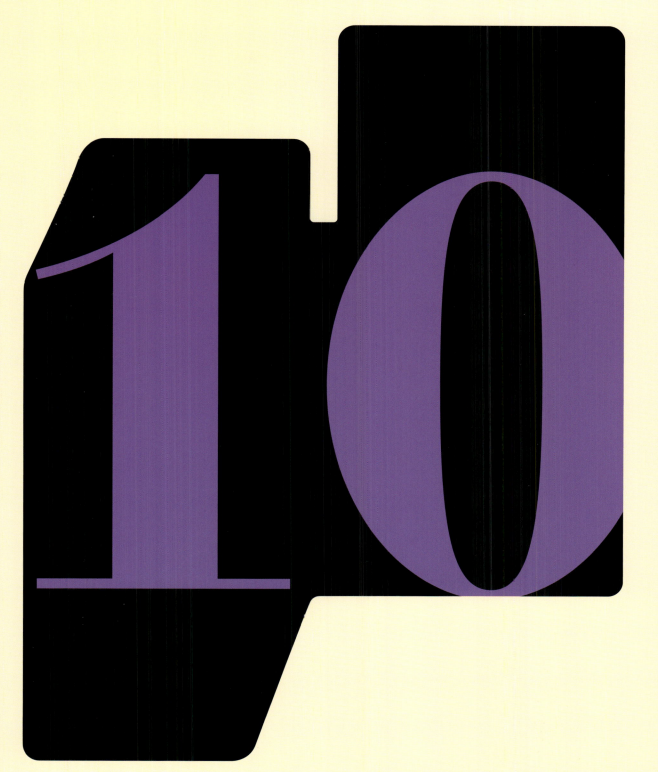
191

SER SIMPLES NA ESSÊNCIA

10

COMO SEI AONDE QUERO CHEGAR, TUDO FICA MAIS CONFORTÁVEL E FÁCIL DE PLANEJAR.

Faça chuva ou faça sol, todos os dias, de segunda a sexta-feira, eu acordo às 5h30. Não preciso nem de despertador para me levantar, apesar de ele estar programado para tocar (e, diariamente, ele toca).

Em silêncio, eu saio da cama, com as luzes apagadas e as janelas ainda fechadas, para não incomodar Marcelo, que se levanta um pouco mais tarde. A partir desse momento, o meu dia começa.

Eu costumo receber muitas perguntas sobre como é a minha rotina, como me organizo para dar conta das minhas atividades. Esse é um dos maiores interesses entre as centenas de mensagens que recebo pelas redes sociais. Por esse motivo, decidi falar um pouco mais sobre essa rotina, até porque ela não tem nada de especial, a não ser disciplina e foco. É como se fosse um ato contínuo de começo, meio e fim.

Sempre fui uma pessoa matinal, desde criança acordei cedo. Nunca gostei da noite, da balada. Não via muita graça em ficar madrugada afora em casas noturnas ou barzinhos.

Lá em casa, era todo mundo assim, com disposição para acordar cedo. Apenas Mariana, a caçula, se levantava um pouco depois da gente, mas tanto João Adibe quanto eu somos madrugadores. Acordamos com o raiar do dia, às vezes um pouco antes de o sol nascer. Em geral, vou dormir por volta das 22h. Claro, um dia ou outro, a hora de ir para cama muda um pouco, mas essa é a minha referência. Principalmente, para acordar. Quando eu saio da cama tarde, eu desperto às 7h, o que costuma acontecer nos finais de semana. Mas, durante a semana, uma vez que eu esteja fora da cama, tenho uma preparação de umas três horas até chegar ao escritório.

Tem algo engraçado no fato de eu acordar cedo. Desde pequena, sempre tive a sensação de que, ao levantar-me nas primeiras horas do dia, eu saía na frente de todo mundo. Eu tinha a certeza de que, enquanto as outras pessoas ainda estavam dormindo, eu já estava sendo produtiva.

Essas primeiras horas do meu dia são fundamentais porque é quando me planejo emocional, física e mentalmente para desempenhar com excelência as minhas atividades, que são intensas e exigentes. Por isso, procuro me manter bem para dar conta do recado. Ser VP de uma das maiores empresas do setor farmacêutico do Brasil requer compromisso e atenção. Afinal, cuidamos das pessoas e procuramos oferecer esse cuidado da melhor maneira possível.

A meditação é a minha primeira atividade da manhã. Eu medito durante vinte minutos. Há cinco anos, introduzi essa prática no meu dia a dia e ela faz a diferença. Me estabiliza, me deixa mais autocentrada e tranquila. Depois desse momento de silêncio e mentalizações positivas, faço as atividades físicas – ginástica, pilates e exercício aeróbico. Ao longo das semanas, alterno a intensidade e frequência desses exercícios.

MEDITAR É FUNDAMENTAL NO ESTABELECIMENTO DO MEU FOCO. E A LIBERAÇÃO DA SEROTONINA, PELAS ATIVIDADES FÍSICAS, ME DEIXA MAIS ALERTA, ATIVA E FELIZ.

Ao finalizar essas dinâmicas, são mais ou menos 6h40, esse é o momento em que tomo banho, me arrumo, tomo café da manhã e vou trabalhar. Por volta das 8h20 estou dentro do carro, seguindo para a CIMED. Como moro relativamente próximo ao escritório, em pouco mais de trinta minutos estou em minha sala. Quando o relógio marca 9h, geralmente, já estou disponível para lidar com o ritmo de trabalho intenso da CIMED. É uma reunião atrás da outra, tanto de conselho, quanto de estratégia e operacional; viagens semanais à fábrica em Pouso Alegre, no interior de Minas Gerais; feedback para colaboradores; contratações; entre outras atividades.

Uma das atividades que não abro mão de fazer pessoalmente é participar do processo seletivo de contratação da alta liderança da empresa. Tomo esse cuidado porque essas são as pessoas que vão falar em nosso nome. Elas nos representam. Então, temos de ter a certeza de que estão alinhadas com os nossos valores. Para esse profissional ter um bom desempenho na CIMED, os valores dele têm de estar próximos aos nossos. Não me interesso tanto em saber o que esse profissional já fez. Meu desejo é entender o que ele quer fazer. Tento compreender o estilo de vida dele, quais são as suas percepções de mundo.

O PASSADO PROFISSIONAL DAS PESSOAS NÃO É O MAIS IMPORTANTE PARA MIM. MEU FOCO É COMPREENDER O QUE ESSE PROFISSIONAL IMAGINA PARA O SEU O FUTURO.

Além das atividades já mencionadas, meu dia é tomado pela constante leitura de contratos e relatórios. Eu leio todos os nossos contratos. Dos fornecedores às novas parcerias, os acordos empresariais, financiamentos etc. Tenho a obrigação de estar alinhada com tudo que a CIMED firma, interna ou externamente.

Com o passar do tempo, e o avanço da tecnologia, é um pouco mais leve fazer essa leitura. Hoje, eu já consigo aprovar contrato pelo celular. Isso seria simplesmente inimaginável há alguns anos. Também temos uma equipe competente em todos os departamentos que faz uma leitura prévia dessa documentação.

Os anos aos quais me dedico a essa tarefa me deram muita experiência e agilidade para realizar essas leituras, apesar de continuar lendo página por página desses documentos.

EU SOU "LOUCA" PELA FÁBRICA

Foi o meu pai quem viu a minha habilidade para essa parte administrativa dos negócios. Ele mesmo era um leitor inigualável desses termos jurídicos. Ele tinha um olhar privilegiado. Sempre ia ao ponto controverso, que não estava bem redigido, que podia nos prejudicar. Ele era muito bom nessa atividade. Às vezes, eu tinha revisado várias vezes toda a papelada, quando ele as pegava para ler, sempre encontrava algo que podia ser ajustado. Eu herdei um pouco esse olhar, e ele também percebia isso. Com certeza, foi no convívio com meu pai que aprimorei essa aptidão.

PELAS MANHÃS, TENHO UM PREPARO ESPIRITUAL, MENTAL E FÍSICO PARA CHEGAR À MINHA ROTINA PROFISSIONAL. O MEU DIA A DIA NÃO ME CANSA, MAS DORMIR É IMPORTANTE PARA MIM. COSTUMO DORMIR DE SEIS A SETE HORAS POR NOITE.

Uma vez por semana vou às nossas fábricas em Fouso. Nesse dia, costumo chegar mais cedo ao escritório, porque levanto voo às 8h. De helicóptero, faço uma viagem de quarenta e cinco minutos. Ao chegar às fábricas, percorro todas as instalações. Escuto o barulho das máquinas, entro nos armazéns, vejo como os estoques estão organizados. Não costumo me reunir por lá. As reuniões só acontecem em último caso e se for preciso que muitas pessoas participem.

O DIA DE IR PARA A FÁBRICA É SEMPRE UM DOS MAIS FELIZES PARA MIM PORQUE ME LEMBRO DO MEU PAI. EU SIMPLESMENTE AMO ESTAR NA FÁBRICA.

Em 1979, eu já tinha a minha tchurminha na escola.

minha turma

JARDIM II   TIA ROSA
TIA CRISTINA

Karla   Paulo
Ricardo B   Arthur
Alessandra S   Mauro
Carla   Francis   Marcio
Domingos Sávio
Alexandre   Fátima   Luiza
Marco
Ana Flavia
Vinicius
Ricardo G   Gabriela
Alessandra
Luis Guilherme
Jacqueline   Deborah
Ricardo N
Luis Eduardo

MEU XODÓ
1979

Comecei a minha vida profissional em nossa produção, aos 17 anos, momento em que meu pai identificou a minha aptidão tanto às tarefas do funcionamento operacional da fábrica quanto às atividades administrativas.

Apesar de meu pai ter um jeitão meio fechado, prestes a dar uma bronca, por trás daquela aparência de poucos amigos, ele escondia uma habilidade poderosa. Ele conseguia identificar o talento dos outros. Quando João e eu começamos a trabalhar na empresa, ele soube direitinho onde nos encaixar para que déssemos certo em nossas atividades; e ele acertou. Foi natural para João assumir a parte de vendas e marketing da empresa, assim como foi natural para mim me responsabilizar pela fábrica e a nossa administração. Nunca me imaginei fazendo outra atividade.

Amo escutar os sons feitos pelas máquinas em operação, caminhar por entre as linhas de produção. Sei exatamente (apenas pelos ruídos que elas fazem) como elas estão operando, se alguma está parada, se há algum defeito, se estão no ritmo certo de funcionamento. Isso está em minha memória.

Na volta da fábrica, por volta das 16h, estou no escritório novamente, pois sempre há alguma reunião no final do expediente. São muitas as reuniões, de fato.

Um dia desses me mandaram um texto em que Steve Jobs, em um memorando interno da NEXT, empresa fundada por ele ao sair da Apple, definia que as quintas-feiras seriam dias sem reunião. Ele acreditava que o número incontável de reuniões, frequente nas organizações, diminui a produtividade das pessoas. A ideia dele era que os seus funcionários utilizassem aquele momento, sem reuniões, para se "isolar" e fazer outras atividades, consideradas por ele mais criativas. Achei a ideia dele genial.

NO PILOTO AUTOMÁTICO

Às 19h, estou pronta para voltar para casa. Esse é o horário que costumo sair da CIMED. Em alguns dias, porém, ele se estende até umas 21h. Confesso que, às vezes, gostaria que a minha semana, em vez de ter só cinco dias, fosse de seis dias de trabalho. Eu não tenho nada contra a ideia que está surgindo de se criar uma semana de trabalho com quatro dias, mas, para mim, quanto mais tempo eu tenho para me dedicar às atividades profissionais, mais produtiva me sinto. Eu tenho esse sentimento de que quanto mais atividades conseguimos fazer, mais capacitados estamos para fazer mais. O inverso é também verdade. Quanto menos atividades eu faço, menos vontade tenho de fazer algo.

Todos os dias quando acordo, eu apenas agradeço o dia que começa, o fato de estar viva. Não para refletir sobre a vida, ou as questões pelas quais estou passando. Eu apenas me levanto da cama e sigo automaticamente para realizar as tarefas. Se não for assim, fica muito difícil realizar tudo o que planejo. Não dá para acordar, virar para o lado e dormir mais cinco minutos. Esse comportamento não funciona. De cinco em cinco minutos de procrastinação, as horas passam sem que tenhamos feito o que deveria ter sido realizado. É por isso que insisto que as atividades rotineiras têm de estar no automático.

Até pode ser uma delícia ficar deitada contemplando o vazio, se jogar em um sofá e se entregar ao ócio, mas esse comportamento não traz prosperidade para ninguém. Eu gosto de ser uma pessoa produtiva, eu gosto de acabar o meu dia com a sensação de dever cumprido. Eu tenho prazer de sentir, em meu exercício mental de fechamento do dia, que dei conta de fazer tudo o que havia me predisposto a fazer.

Em termos gerais, então, meu expediente na empresa é das 9h às 19h. Cerca de dez horas no escritório, com um intervalo para o almoço, que costuma ser um encontro para falarmos de algo da empresa. Definimos o horário do almoço das 12h30 às 14h, lá na CIMED mesmo, onde temos uma cozinha ao lado da área mais reservada para reuniões. Todos os dias, a gente almoça uma comida caseira deliciosa (arroz, feijão, carne moída, salada). É como se estivéssemos comendo em casa.

FORTALECIMENTO DOS LAÇOS

Os almoços são bastante agradáveis, porque, além de a comida ser ótima, a gente reúne todo mundo da família que está no escritório. Convidamos alguns diretores para almoçarem conosco e, com frequência, recebemos um fornecedor ou parceiro. Adoro chamar pessoas de outras áreas para almoçar e trocarmos ideias de negócio. É um encontro muito rico.

Marcelo, nossos filhos e eu procuramos jantar juntos para, ao compartilharmos a mesa, falarmos sobre o que aconteceu com cada um de nós. Esse encontro é importantíssimo para mim. Faço questão de tê-lo. É um hábito que trouxe por influência de meus pais, que jantavam juntos. Eu fiz questão de criar as crianças nos vendo sentar à mesa.

Comigo nunca teve essa história de a criança pegar um prato se trancar no quarto ou em outro cômodo da casa para comer sozinha. A gente faz as refeições juntos, como família. Por conta disso, sempre brinquei que, se fôssemos um reality-show, seríamos um sucesso, porque não foram poucas as vezes em que as crianças brigaram entre si à mesa. Como eu sempre quis que e as compartilhassem os acontecimentos do dia entre si, eu as fazia falar sobre as suas atividades na escola, no clube, com os seus amigos. Pedia: "Juliana, fale alguma coisa do seu dia. Pedro, fale alguma coisa do seu dia", e eles falavam. Porém, quando era a vez de Dudu falar, o mais novo, virava uma confusão. Como ele era o menor, o seu dia não tinha tantos fatos assim para serem comentados e os irmãos, mais velhos, davam risada.

FO
CAR

Era a deixa para voar garfo, faca, copo. Muitas vezes, cansada após um dia de trabalho, eu pensava em desistir daquela dinâmica, mas mudava de ideia rapidamente, porque entendia que era importante para meus filhos compartilharem as suas histórias e, assim, fortalecer os nossos laços.

Aquela era a hora que a família convivia e não importava se esse convívio era pacífico ou tumultuado. Essa dinâmica durou ao longo da infância e adolescência das crianças.

AMO VIAJAR

Após o jantar, me deito. Marcelo vem comigo e, como temos tevê no quarto, ele sempre me pergunta se quero assistir a algo. Normalmente, lhe digo que pode escolher o que quiser assistir porque, quando estou embaixo das cobertas, durmo em menos de três minutos. Parece que alguém desliga uma chave dentro de mim. Fico acordada na cama só pelo tempo em que agradeço a Deus pelo dia que passou e para mentalizar coisas boas para o dia seguinte. Mal faço esse ritual e meus olhos já se fecham.

A minha rotina está dividida entre casa e trabalho (nos dias da semana) e lazer (nos finais de semana). Porém, Marcelo e eu tentamos, ao menos uma vez, de segunda a sexta-feira, jantar com casais amigos. Nessas ocasiões, saio direto da CIMED para nos encontrarmos em algum restaurante. Assim, por volta das 22h já conseguimos estar nos dirigindo de volta para casa.

Como se não bastassem as atividades mais tradicionais do trabalho, ainda preciso encontrar tempo para encaixar a rotina da produção de conteúdo para a internet, mas confesso que definir o momento dessas tarefas é divertido, porque eu gravo conteúdo para redes sociais em qualquer lugar, a qualquer momento.

Quando tenho uma ideia, pego o meu celular e gravo na mesma hora. Não fico regravando, olhando se o meu cabelo estava penteado direito, se a minha roupa está um pouco amassada, se a maquiagem não está tão boa. Eu apenas gravo e coloco o conteúdo no ar ou repasso para quem trabalha comigo nas redes sociais dar o encaminhamento correto.

A minha comunicação on-line ficou muito grande. É surpreendente o alcance das minhas redes sociais. Por isso, alguns dos conteúdos precisam ser editados, sonorizados, legendados. Isso leva tempo e tenho alguém que se dedica a essa tarefa.

Hoje, conto com verdadeiros "anjos" que me atendem em casa e em horários fora do usual. Faço ginástica com personal, massagem, cabelo e unha. Eles são os meus aliados em minha rotina puxada.

ESTOU SEMPRE MUITO PRESENTE NAQUILO QUE FAÇO. ESSE COMPORTAMENTO ME AJUDA MUITO A FOCAR, A NÃO SER DISPERSIVA E TER PRODUTIVIDADE.

Toda essa praticidade me ajuda muito, também, nas viagens que preciso fazer. Ao todo, viajo umas oito vezes por ano pelo Brasil e para o exterior. O curioso é que não as diferencio se são viagens de férias ou a trabalho. Para mim, elas são todas iguais, porque eu amo viajar. Na verdade, as minhas viagens começam antes de eu estar de fato viajando, pois me interesso em seu planejamento, em arrumar as malas. Eu gosto dessa organização porque vou me imaginando no lugar, usando cada uma das peças que estou levando. É como se eu já estivesse lá e, quando eu estou mesmo em meu destino, vibro. Acho o máximo, uma conquista. Eu, realmente, quero estar naquele local, mas nunca esqueço a posição que eu ocupo. Eu continuo vendo as demandas da CIMED para os processos não pararem. Para a liberação dos documentos não acumular.

Eu entendo a minha responsabilidade como VP e que a minha ausência tem implicações para o funcionamento da nossa estrutura. Por isso, mesmo em férias, eu me mantenho atenta ao que está acontecendo na empresa e, quando necessário, encaminho os assuntos urgentes. Ao mesmo tempo, deixo claro que essa atenção não deve ser confundida com ser solicitada a todo instante, afinal estou em férias. Não é preciso haver demanda sobre situações corriqueiras ou detalhes do cotidiano. Assim como reforço, para quem trabalha comigo, a importância de descansar o quanto puderem em seus momentos de férias e lazer.

Eu me mantenho ligada às atividades profissionais por ser um dos meus hábitos, e não me atrapalhar. Mas os momentos de descanso são sagrados. Temos de aproveitá-los para recarregar a nossa vitalidade.

O TRABALHO ESTÁ PRESENTE EM TODOS OS MOMENTOS DA MINHA VIDA POR SER ALGO NATURAL E DESEJADO POR MIM.

Eu entendo a minha vida pelo trabalho e por minha família. Nesse sentido, ela é simples, porque os meus objetivos são claros. Eu sei aonde quero chegar. Isso deixa tudo muito mais confortável e fácil de planejar. Eu não vivo de surpresa em surpresa, mudando de planos a todo o momento, e é nessa simplicidade de agir que está a minha maior sofisticação e o que me faz uma pessoa mais feliz e realizada.

UMA VIDA MAIS EQUILIBRADA, SAUDÁVEL E GRATIFICANTE

Algumas pesquisas científicas já comprovaram que estabelecer hábitos regulares contribui para uma sensação de organização e proporciona uma série de benefícios tangíveis que afetam de modo positivo nossa vida cotidiana no que diz respeito à saúde mental, física e emocional. Algumas linhas de investigação acadêmica sobre esse assunto apontaram que, em média, uma pessoa levaria em torno de sessenta e seis dias para assimilar um hábito na vida. Isto é, a gente consegue em um período um pouco maior a dois meses modificar nossa rotina e automatizar comportamentos. Independentemente de um período determinado para esse fenômeno acontecer, essa informação ressalta a importância de se manter uma rotina consistente, permitindo, assim, a internalização de hábitos saudáveis, como exercícios, alimentação balanceada e gestão do tempo.

Além disso, definir uma estrutura diária estável aumenta a sensação de autonomia e poder, possibilitando a redução dos níveis de estresse e ansiedade. "As pessoas gastam 46,9% de suas horas acordadas pensando em algo diferente do que estão fazendo, e essa divagação geralmente as deixa infelizes" – essa é uma das conclusões da pesquisa dos psicólogos Matthew A. Killingsworth e Daniel T. Gilbert, da Universidade de Harvard[8], que revela o quanto é importante mantermos a mente focada em nossas ações presentes. A mente humana é mais feliz quando está focada no agora. Ou seja, a estabilidade da rotina, além de estabelecer mais foco e concentração, pode proporcionar uma experiência mais plena e positiva do agora. Desde a promoção de um sono de qualidade até a formação de hábitos saudáveis e o aumento do senso de controle, uma rotina consistente tem um impacto positivo e abrangente na qualidade de vida. Ao se adotar práticas diárias regulares, colhe-se os benefícios de uma vida mais equilibrada, saudável e gratificante.

[8] Bradt, Steve. Wandering mind not a happy mind. The Harvard Gazette, 2010. Disponível em https://news.harvard.edu/gazette/story/2010/11/wandering-mind-not-a-happy-mind/#:~:text=Killingsworth%20and%20Gilbert%2C%20a%20professor,people's%20happiness%2C%E2%80%9D%20Killingsworth%20sa. Acesso em: 31 de junho de 2023

"O CRESCIMENTO É INFINITO, SÓ DEPENDE DA VONTADE DE CADA UM"

11

EU QUERO QUE OS MEUS FILHOS CONSTRUAM O LEGADO DELES; QUE SEJAM CAPAZES DE DEIXAR UMA MARCA NA VIDA; QUE POSSAM SER REALIZADOS E FELIZES EM SUAS ESCOLHAS.

O título deste capítulo é uma frase de meu pai: "O crescimento é infinito, só depende da vontade de cada um". Esse foi um dos pensamentos que ele utilizou para criar a sua família, uma maneira a qual ele encontrou para educar a mim e aos meus irmãos, e uma das suas visões de mundo que ele levou à administração da CIMED e está incorporada como um dos seus valores.

Para mim, faz todo o sentido usá-la neste momento do livro, pois neste texto reflito sobre um assunto que sou frequentemente questionada em palestras, encontros, pela internet. As pessoas querem saber a minha opinião sobre como as futuras gerações vão cuidar dos negócios. Entendo esse interesse, afinal, faço parte de uma empresa familiar bem-sucedida.

João Adibe e eu somos a terceira geração do setor farmacêutico brasileiro. Desde o nosso avô João (pai do meu pai), estamos envolvidos com a indústria farmacêutica e temos uma perspectiva concreta de continuidade já que nossos filhos estão no negócio e representam a quarta geração dos Marques no setor. Ao longo das décadas, nos renovamos, acompanhamos as mudanças, fizemos as mudanças acontecerem.

Nosso avô João, quem nos introduziu nesse universo, fez a sua primeira atuação no segmento como propagandista médico, na década de 1940. De lá para cá, só crescemos. Principalmente, depois da compra da Honorterápica feita pelo meu pai, em 1977, que se transformou na CIMED.

Ao se colocar em perspectiva, desde o começo das atividades profissionais do meu avô João, a família Marques atua há mais de oitenta anos no setor farmacêutico. Estamos à frente de algumas das indústrias farmacêuticas mais importantes do Brasil, CIMED (em que João Abibe e eu comandamos), União Química e Biolab (comandadas por nossos tios). O compromisso com a saúde e a geração de bem-estar às pessoas é uma das principais marcas de nossa gestão. É um valor de nossa família que foi levado ao mundo corporativo e organiza a nossa atuação no mercado.

EM EMPRESAS FAMILIARES, AS GERAÇÕES FUTURAS SÓ DEVEM PARTICIPAR DO NEGÓCIO PORQUE A ATIVIDADE FAZ SENTIDO PARA ELAS. TEM DE SER ALGO CONSEQUENTE E DESEJADO.

Na CIMED, levamos muito a sério esse pensamento. Nós estamos no negócio porque ele é parte de quem somos. Entendemos o mundo a partir do lugar que ocupamos, procurando levar saúde e bem-estar às pessoas, tendo um portfólio de produtos com preços acessíveis, garantindo que, mesmo se morando nos lugares mais remotos, é possível ter acesso a um tratamento de saúde de qualidade. Esses três aspectos da gestão da CIMED refletem muito das características das personalidades do meu pai e da minha mãe, porque eles são a combinação de uma visão de produtividade e ação do meu pai, com um olhar voltado às necessidades das pessoas, algo característico da minha mãe.

VALORES ORIGINÁRIOS

Quando o meu pai comprou a Honorterápica, não dava para dizer que aquele empreendimento era familiar. Na ocasião, ela era uma empresa profissionalizada de um único dono. A situação, contudo, mudaria em pouco tempo, assim que o meu pai trouxe a minha mãe para trabalhar com ele. Foi só quando eles se juntaram no trabalho que a empresa, efetivamente, tornou-se familiar. Por mais óbvio que esse fato pareça ser, é importante ressaltá-lo, porque há uma frequente confusão sobre a definição de empresa familiar.

Uma organização empresarial (ou comercial) só é familiar quando a gestão é feita por pessoas de uma mesma família, independentemente do grau de parentesco. São os traços de personalidade dessa família que darão sentido à gestão.

Em nosso caso, a maneira como o meu pai e a minha mãe entendiam o mundo fizeram a CIMED ser o que somos. Assim como a maneira de João Adibe e a minha transformaram a CIMED. Nessa mesma lógica, será o entendimento da vida dos nossos filhos o responsável pelo futuro da CIMED.

É fácil compreender essa dinâmica em nossa empresa, porque a Honorterápica (o início de tudo) espelhava o jeito de ser de nossos pais. Por sua vez, a CIMED reflete, hoje, a João Adibe e a mim, que, aliás, temos uma dupla função nesse processo: a de consolidar a empresa em seus valores, naquilo que ela é, e conduzir nossos filhos à sua administração sem que eles percam os nossos valores, a visão de mundo de nossos pais.

EM UMA EMPRESA FAMILIAR, OS FUNDADORES DEIXAM UMA PROFUNDA CARACTERÍSTICA NA GESTÃO. HÁ ASPECTOS DA AÇÃO DELES QUE FICAM ENRAIZADOS PARA SEMPRE.

Ao pensar sobre a troca natural de comando da gestão que o tempo demanda, mais uma vez, meu pai, ao refletir sobre esse assunto, demonstrou o brilhantismo do seu pensamento: "Você e seu irmão têm de ser melhores do que eu. Só assim a empresa vai conseguir crescer". Ele tinha toda a razão.

Quem assume o comando dos negócios precisa ser melhor do que os seus antecessores no cargo. Esse "melhor", porém, não é no sentido de desvalidar o que foi feito, de não valorizar o legado e não reconhecer as conquistas e realizações. Na prática, esse "melhor" significa que quem sucede deve assimilar as virtudes da geração que entrega o bastão do comando da empresa, compreender as lacunas e as características que podem ser aprimoradas e trazer a sua própria visão para fazer as coisas acontecerem.

Os jovens trazem consigo uma força de vontade única de realização. Essa disposição e curiosidade para com a vida impulsionam a empresa ao futuro. Sem contar com o fato de que as futuras gerações, por estarem mais conectadas com as constantes mudanças do comportamento, são capazes de realizar uma combinação especial entre vitalidade e criatividade, podendo atualizar assim, com mais facilidade, a ação da empresa para deixá-la mais forte no mercado.

Quando integrados de forma colaborativa, os jovens dão um novo dinamismo às operações das empresas, estabelecendo os fundamentos para um crescimento sustentável e uma adaptação ágil diante das constantes transformações das demandas do mercado que se renovam ao longo das décadas.

APAIXONADOS PELA VIDA

À medida que o mundo dos negócios evolui, as empresas familiares enfrentam desafios como a globalização, o aprimoramento da tecnologia, o aumento de competidores. Por isso, em meu dia a dia ajo para educar os meus filhos como indivíduos mais qualificados do que eu. Como mãe e executiva, eu quero que cada um deles seja alguém muito melhor do que eu sou, que eles alcancem e façam mais do que eu fiz. Sigo à risca o ensinamento do meu pai.

Quero que os meus filhos construam o legado deles; que sejam capazes de deixar uma marca na vida; que possam ser realizados e felizes em suas escolhas.

EU NÃO QUERO QUE OS MEUS FILHOS SEJAM A MINHA IMAGEM E SEMELHANÇA. QUERO QUE DESENVOLVAM E EXPRESSEM A ORIGINALIDADE DAS SUAS

Tenho orgulho de estar ao lado do meu irmão, João Adibe.

TEMOS PAIXÃO PELO QUE FAZEMOS

A vida se renova todos os dias e em cada momento de nossa história temos a chance para fazer diferente e sermos melhores.

Na CIMED, a transformação é parte fundamental de quem somos. Temos coragem para mudar e buscar o novo. Nosso propósito é levar saúde e bem-estar a todos os brasileiros. Todos os dias. Por isso, investimos em tecnologia, trazendo maior eficiência em nossas linhas de produção.

Nossas fábricas operam com alguns dos equipamentos mais modernos do setor industrial farmacêutico, garantindo competitividade e acessibilidade aos nossos preços.

A eficiência da nossa cadeia de produção nos deixa presentes nos locais mais remotos de um país gigante como o Brasil. Somos a única empresa do setor farmacêutico com uma cadeia de verticalização própria. Fabricamos, vendemos e entregamos os nossos produtos de forma independente. Mas queremos ir muito além, e o nosso desejo de fazer mais e melhor não tem limites, afinal, o sucesso não aceita preguiça!

Com ritmo, rotina e ritual, nosso exército amarelo caminha unido com perseverança, garra e disposição para mudar realidades.

Nosso sangue amarelo nos trouxe até aqui e vai nos transformar na melhor e maior indústria farmacêutica do Brasil.

PERSONALIDADES, AQUILO QUE OS TORNA ÚNICOS, A PARTIR DOS VALORES QUE ELES RECEBEM DA GENTE.

Quero os meus filhos apaixonados pela vida, empolgados e envolvidos com o que escolherem fazer para que, no momento em que estiverem à frente da empresa, eles tenham as condições necessárias para aprimorá-la, porque eles vão lidar com circunstâncias diferentes da minha, o mundo deles vai ser outro, assim como foi para João Adibe e para mim em relação ao nosso pai; e assim como foi para o nosso pai em relação ao pai dele. Essa dinâmica é natural. Os contextos mudam e são os jovens de hoje que têm de lidar com as demandas do amanhã.

É IMPORTANTE SABERMOS PRESERVAR A ORIGEM, MAS TEMOS DE BUSCAR EVOLUIR PARA MELHORARMOS.

A empresa está sempre em construção e, para acompanhar esse movimento com eficiência, a gente precisa ressaltar o que o outro tem de melhor, aquilo que é natural para ele fazer. Meu pai, por exemplo, em seu tempo de trabalho, era o responsável pelo financeiro e a parte administrativa. Já João Adibe sempre foi o profissional das vendas. Meu irmão é um vendedor extraordinário, a capacidade dele de trabalho nessa área é quase indescritível. Por sua vez, meu pai nunca teve esse jeito de ser e, ao percebê-lo em João, o incentivou a ser o melhor vendedor que ele poderia ser; assim como ele me incentivou a dirigir a fábrica e a gestão da empresa. O seu incentivo foi decisivo às nossas histórias. O seu apoio nos fez evoluir. Ele identificou nossas qualidades e deu oportunidade para que as demonstrássemos. Quero fazer o mesmo pelos meus filhos e sobrinhos. Quero apoiá-los naquilo em que eles são extraordinários para que possam ser adultos mais completos e realizados e consigam o "crescimento infinito" que o meu pai acreditava ser possível. Se eles entenderem que essa situação pode acontecer na CIMED, maravilha. Eles só têm de respeitar nossos valores corporativos, porque isso é inegociável.

OS NOSSOS PAIS NOS DERAM EDUCAÇÃO E CRIARAM A ESTRUTURA NECESSÁRIAS PARA "VOARMOS".

É importante lembrar, na CIMED, meu pai nunca me tratou como filha. Eu entrei na empresa porque, profissionalmente, eu tinha a capacidade de trazer soluções para as áreas em que estava envolvida. Esse mesmo tratamento eu estendo aos meninos.

Outro dia, alguém me perguntou: "Fale um pouco sobre como é trabalhar com os seus filhos". Eu não hesitei: "Olhe, de coração, todos são bons. Todos têm alguma capacidade excepcional. Porém, cada um deles têm uma habilidade que o outro não tem, e essa característica é maravilhosa porque gera complementaridade".

ESPÍRITO DE CONTRIBUIÇÃO

João e eu somos diferentes e, diariamente, agradeço por nos complementarmos. Sou inspirada por sua capacidade profissional, pelo seu talento nas vendas. Juntos somos mais potentes, porque somamos nossas qualidades. Eu também tenho essa relação com a minha irmã Mariana, que, mesmo à distância, continua sendo uma inspiração.

Mariana escolheu viver uma vida mais ligada à natureza e a sua capacidade de atenção e cuidado para com as questões de preservação ambiental amplia o meu olhar para esses assuntos tão relevantes. Ela foi muito corajosa, sobretudo, quando decidiu mudar radicalmente de vida e foi morar do outro lado do mundo, na Austrália. É emocionante visitá-la e perceber as suas conquistas, compartilhar um pouco do seu mundo. Esse traço de coragem da sua personalidade ela herdou do nosso pai, um homem que andava de mãos dadas com a coragem.

Sou muito grata aos meus irmãos por eles serem como são. O convívio com os dois é um aprendizado, sinto que tenho a chance de rever alguns dos meus conceitos e me transformar em uma pessoa mais bem preparada para lidar com a diversidade.

O ESPÍRITO DA CIMED É FEITO PELA CONTRIBUIÇÃO DE TODOS NÓS. DE QUEM NASCEU NA FAMÍLIA E DE QUEM, AO LONGO DO TEMPO, ESTEVE OU ESTÁ JUNTO CONOSCO NA REALIZAÇÃO DESSE SONHO.

AUTONOMIA

Outro ensinamento do meu pai, que adotamos 100%, é a importância do fazer. Ele sempre considerou que "o fazer" é o "pulo do gato" na vida. Para ele, não importava se aquilo que fosse feito desse errado, porque ele entendia que haveria a chance de se fazer de novo. A questão para ele estava em fazer e realizar.

Profissionalmente, meu pai dava muita autonomia e liberdade a quem o cercava. Em contrapartida, ele cobrava o senso de responsabilidade com os compromissos firmados. Muito da minha personalidade, assim como a de João Adibe e de Mariana, está baseada nessa atitude. A gente faz. Com certeza, essa é uma característica da CIMED, uma empresa que faz. É como falamos no texto de nosso vídeo institucional, que transcrevo aqui. *Transformação, coragem, união, foco, eficiência, ritmo, rotina e ritual* são algumas das nossas características corporativas. Elas nos fazem original e organizam a nossa forma de agir no mercado. A constituição desses atributos só foi possível por sermos uma empresa que sabe como surgiu, que entende o seu caminho de crescimento.

Uma empresa familiar tem um jeito de ser diferente no ambiente dos negócios. Somos mais vibrantes, mais envolvidos, temos mais paixão nas decisões. Tais características ressaltam o nosso profissionalismo. Um exemplo vivo dessa circunstância foi a construção da nossa segunda fábrica em Pouso Alegre. A sua construção tornou-se ainda mais especial porque ela foi feita em plena pandemia da covid-19.

Havíamos iniciado o seu planejamento um pouco antes de 2020, quando ninguém previa o que nos aguardava. Levantamos os recursos financeiros necessários para o investimento (300 milhões de reais – o maior da nossa história). Definimos a equipe da construção e, quando iniciamos as obras, a pandemia foi decretada. Imediatamente, tivemos de ajustar o cronograma de execução e adotar as medidas sanitárias necessárias para garantir a segurança dos funcionários que estariam trabalhando. Com aquele cenário, a logística da construção ficou mais complexa. O desafio de tirar a nova fábrica do papel ganhou uma dimensão sem precedentes. Tivemos medo, mas tanto João Adibe quanto eu encaramos os nossos temores e seguimos. A gente tinha tanta certeza da pertinência de nossos planos, da razão de nossa existência como um empreendimento de saúde, que nos fortalecemos com aquela adversidade. Após dois anos do começo do projeto, a fábrica entrou em operação.

O medo é um dos piores sentimentos para as pessoas porque ele pode nos paralisar. O seu antídoto é a ação. O fazer, como dizia o meu pai. Ao realizar o que tem de ser feito, mesmo com medo, é possível ressignificá-lo, uma vez que ele existe na preocupação. É como se a pessoa se "pré-ocupasse" com algo que é um temor. O remédio para modificar esse sentimento é o fazer, o ocupar-se de algo.

A gente precisava diversificar e ampliar a nossa estrutura fabril. Nos organizamos para respondermos àquela situação. Quando ela surgiu, a vida nos colocou em cenários complexos que precisávamos enfrentar. Com coragem, a gente lidou com o contexto, e o medo que, sim, nos rondava sumiu ao agirmos. Descrevendo dessa maneira, até parece fácil. Não se engane, não foi uma situação fácil, mas ela não era impossível e tínhamos a certeza de nossa capacidade para resolvê-la.

SER DE VERDADE

João e eu estamos à frente dos negócios, e isso significa dizer que a sua operação, assim como o nosso contínuo crescimento, está sob a nossa responsabilidade. Mas, daqui a alguns anos, esse protagonismo estará com os nossos filhos, e o crescimento da empresa dependerá do envolvimento deles com o negócio, de como vão administrá-lo. Eles darão continuidade à história dos Marques à maneira deles.

A Karla de hoje, chefe dos filhos e sobrinhos, quer que cada um deles se torne um profissional competente, honesto, transparente, que cuide do próximo, que tenha noção do tamanho da responsabilidade que têm, mas que essas atividades sejam prazerosas e, se possível, divertidas como têm sido para mim.

Fazer o que faço nunca foi pesado, apesar das cobranças e responsabilidades. Eu consegui manter essa leveza, porque o meu trabalho faz sentido para a minha vida, é parte de quem eu sou. Representa meus valores e a maneira como entendo o mundo. É de verdade. É a minha verdade.

220

PELA CONTINUIDADE SUSTENTÁVEL DAS EMPRESAS FAMILIARES

Há uma infinidade de estudos e uma grande quantidade de especialistas que abordam a questão da sucessão familiar de forma profissional. No vasto material produzido sobre esse tema, que pode ser facilmente consultado, há a incidência de alguns pontos recorrentes para falar sobre as dificuldades vividas pelas empresas familiares. Entre eles, destacam-se questões de impedimentos para a profissionalização dos herdeiros, a dificuldade em transmitir o poder de decisão dos negócios, a pouca autonomia concedida aos mais jovens, a incorporação de conflitos de âmbito particular nos negócios. De fato, fazer uma sucessão bem-sucedida requer tempo e dedicação. É um trabalho diário de construção, sobretudo por essa atividade envolver diversos fatores para o aparecimento dos entraves. Nesse sentido, é sempre bom lembrar que as escolhas da formação de sucessores devem ser baseadas em questões profissionais, não por vontades emocionais. É preciso ter uma atitude assertiva, objetiva. Quem dará continuidade aos negócios tem de comprovar a sua competência. Investir em capacitação e incentivar um aprendizado na prática, no exercício da função, é determinante para o desenvolvimento do interesse das futuras gerações e para prepará-las adequadamente para enfrentar os desafios. É sempre bom lembrar que as habilidades exigidas para se estar à frente dos negócios podem ser bem diferentes das qualidades que alguém exerce em seu âmbito familiar. A complexidade das empresas familiares, que combina relações pessoais e negócios, juntamente à falta de preparação e planejamento, é um ambiente de desafio nos processos sucessórios. Reconhecer essa situação é fundamental para implementar estratégias eficazes de transição e garantir a continuidade sustentável das empresas familiares.

225

É SÓ UM ATÉ BREVE

12

OCUPE O SEU LUGAR NA VIDA E SEJA O PROTAGONISTA DA SUA HISTÓRIA.

Tchurma, que alegria! Eu consegui publicar um livro. E posso confessar, eu adorei e não quero parar por aqui. Ideias não me faltam. Já, já vem mais coisa boa por aí. Por enquanto, a gente continua se "vendo" pelas redes sociais, local que deu origem a esta publicação, que marca transformações da minha vida e me fez entrar em contato com características minhas que desconhecia.

FOI UM MOMENTO DE GRANDE APRENDIZAGEM PARA MIM E ME SURPREENDI A CADA ETAPA DA PRODUÇÃO DESTA PUBLICAÇÃO.

A minha ideia inicial para este livro era ampliar o espaço de troca, de diálogo, com as pessoas que me acompanham pelas redes sociais. Como falei anteriormente, nunca pensei que o meu pensamento, o meu jeito de ser e as minhas rotinas profissional e familiar pudessem influenciar alguém. Foi uma grata surpresa descobrir esse fato perto de completar 50 anos. Contudo, mais surpreendente ainda foi que, durante o processo de reflexão sobre os temas que gostaria de escrever, revisar o material que havia sido escrito, fazer os ajustes, eu me transformei. Eu ampliei e modifiquei o meu pensamento sobre tantos assuntos, sobre a minha forma de ver tantas coisas, sobre mim mesma. Eu não esperava por isso quando tudo começou, mas esse processo foi de uma força única e estou muito grata por ter me permitido vivê-lo. Por ter tido a chance de encontrar comigo, com as várias Karlas que me habitam. E sabe o que é mais interessante? É que amanhã eu posso ser rigorosamente diferente desta Karla que está aqui, neste momento, escrevendo para você.

A POSSIBILIDADE DE MUDANÇA, DE TRANSFORMAÇÃO, É UMA DAS MAIORES MÁGICAS DA VIDA. SOMOS ABENÇOADOS POR TERMOS ESSA CAPACIDADE.

Eu escrevi este livro para que cada um dos temas aqui abordados pudessem ser um motivo para a reflexão de quem os lê, mas nunca tive a pretensão de, ao escrevê-los, ser a dona da verdade ou afirmar que esse pensamento é imutável, único, porque ele não é. Talvez, ao reler este material daqui a um ano, eu reforce alguns dos seus aspectos, ou, talvez, eu sorria e perceba o quanto modifiquei o meu pensamento. Seja qual for a minha reação (ou a sua), está tudo bem.

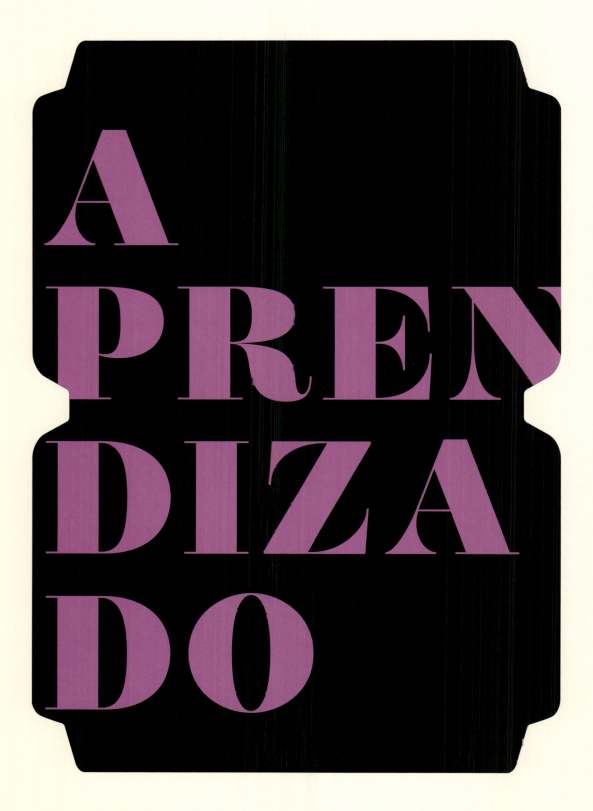

MEU PAI, EM MAIS UM DOS SEUS ENSINAMENTOS, ME DIZIA: "KARLA, FAÇA. DEPOIS A GENTE VÊ O QUE VAI FAZER COM O QUE VOCÊ FEZ."

No momento em que estou finalizando este texto, parei para olhar o meu Instagram e o meu coração até se aqueceu. Me veio um sorriso. Quanta vida tem ali. Como é prazeroso perceber que, a cada dia, me junto a grupos mais diversos de pessoas. Quantas histórias estão compartilhadas, tantas formas diferentes de ver e estar no mundo. Me orgulho da minha transformação ao longo desse tempo e quem está comigo pelas redes sociais acompanha essas mudanças.

MUITO OBRIGADA POR SUA PRESENÇA.

Estou passando por um momento considerado por muitos como simbólico. Terminei a redação deste livro em dezembro, aos 49 anos. Ou seja, já, já estarei com 50. Para mim, essa idade representa uma celebração imensa e sinto que estou disponível para experimentar formas distintas de interação. Aos poucos, encontro outros desafios e, por isso, entendo a importância de seguir me transformando e buscando por aquilo que há de mais verdadeiro em minha essência. Sou muito grata por fazer este movimento cercada por pessoas que amo imensamente e por realizar novas amizades nessa jornada. Por isso, é importante para mim reforçar o meu muito obrigada a todos os meus familiares, aos amigos e às inúmeras pessoas que passaram por minha caminhada profissional e, em algum momento das últimas três décadas, compartilharam comigo experiências na CIMED ou no mercado de trabalho. Muito obrigada, de coração. Cada um de vocês foi importante à sua maneira para eu ser quem eu sou. Sou grata pelos ensinamentos e pela troca de experiência.

Experimento uma sensação de autenticidade diferente de outras épocas. É uma verdadeira experiência de crescimento e transformação. Um reconhecimento do que me trouxe até aqui e me impulsiona para ser cada vez mais protagonista da minha história, me lançando ao futuro com mais sabedoria e resiliência.

HISTÓRIA EM MOVIMENTO

Eu escrevi este livro sem distinção de gênero, mas o fato de eu ser mulher torna inquestionável uma maior conexão e identificação com outras mulheres. Afinal, todos os temas foram abordados aqui por minha ótica, uma ótica feminina.

Ao longo dos séculos, enfrentamos distintos desafios, toda a sorte de discriminação e obstáculos em qualquer aspecto da vida. Nunca foi fácil ser mulher (ainda não é), mas, apesar das adversidades, perseveramos, insistimos em nossos sonhos, não nos abandonamos e seguimos nos destacando, desafiando os estereótipos e estigmatizações, provando o nosso valor.

MAIS DO QUE UMA IDENTIDADE BIOLÓGICA, SER MULHER É UM PERCURSO REPLETO DE EXPERIÊNCIAS.

A pluralidade das vozes femininas traz uma visão mais completa das complexidades humanas, incentivando a compreensão mútua e o respeito. Reforço esses aspectos porque ser mulher implica enfrentar desigualdades historicamente enraizadas e desafiar normas de gênero prejudiciais já estabelecidas. Em nosso caso, quando buscamos por questões de igualdade, fazemos essa ação em prol da construção de uma organização social mais justa e igualitária. Nossa força interior, coragem e perseverança nos impulsionam às mudanças, à inovação e à construção de uma sociedade mais inclusiva. Ser mulher é uma celebração do potencial humano.

CADA MULHER É UMA HISTÓRIA EM MOVIMENTO.

No dia a dia, as nossas escolhas moldam o nosso caminhar e contribuem para a construção do amanhã. Por isso, acredito que a prática de pensarmos positivamente é tão importante nesse processo, por nos capacitar a tomar decisões em sintonia com o propósito e os valores da nossa existência.

Ao optarmos por seguir em um caminho que faça sentido às nossas vidas, estamos trazendo mais autenticidade e realização às nossas experiências. Essa maneira de interagir nos guia em direção ao bem-estar e nos permite contribuir positivamente para o mundo. Ao alinharmos nossas escolhas à nossa essência, encontramos uma fonte inesgotável de motivação e energia, uma vez que o pensamento positivo nos incentiva a tomar decisões com coragem e otimismo, enxergando o potencial de crescimento e aprendizado em cada decisão tomada. E, ao nos empoderarmos, encontramos uma vida mais autêntica, com muito mais realização e sentido.

EM UM MUNDO QUE NOS IMPÕE PADRÕES E EXPECTATIVAS, SER AQUILO QUE SOMOS É LIBERTADOR. ESSA ATITUDE FORTALECE NOSSA AUTOESTIMA E CONFIANÇA E PODE VIR A SER UMA INSPIRAÇÃO.

Quando nos empoderamos, melhoramos relacionamentos e incentivamos uma sociedade mais inclusiva. Aceitar nossa verdadeira identidade é o caminho para a realização pessoal e para moldar um mundo mais diversificado. Nesse sentido, diante do incerto, pensar positivamente é uma ação transformadora, que nos permite tomar as decisões que melhor se alinham às nossas aspirações. E, ao fazermos escolhas conscientes, construímos uma vida que não só nos preenche de felicidade, mas também serve de exemplo. Ou seja, tornamo-nos instrumentos da mudança social, por demonstrarmos como a autenticidade influencia de modo positivo o mundo.

NOSSAS ESCOLHAS FAZEM PARTE DE NOSSO LEGADO INSPIRADOR.

Ocupe o seu lugar na vida ao se apropriar da sua história e das suas raízes. Aceite a sua identidade única e original, reconhecendo os seus talentos e dons e, sobretudo, sabendo quem você é. E, à medida que você se apropriar de você, viva intensamente cada um dos seus papéis na vida, a despeito de qual seja – filha, irmã, namorada, esposa. O recado aqui é simples: façamos o nosso melhor com o que Deus nos deu. O mundo vai agradecer em troca. A vida vai acolher você porque você assumiu o seu papel. E quando isso acontece, nosso poder de realização é muito poderoso.

Assim como o meu pai um dia falou aos meus irmãos e a mim sobre o fato de que "o crescimento é infinito, só dependeria da vontade de cada um de nós", ocupar o seu lugar na vida só depende de você, da coragem e determinação que vai investir para ser quem você é.

Sigamos fazendo escolhas que façam sentido à nossa vida, percebendo que cada uma de nossas decisões é uma oportunidade de crescimento e um reconhecimento ao nosso potencial ilimitado. Estejamos atentos a cada instante, na certeza de que a vida é um eterno movimento que nos leva a uma constante transformação.

Até já, tchurma!

233

234

CRÉDITOS

CAPA E PROJETO GRÁFICO
GB65
GIOVANNI BIANCO

BEAUTY
SILVIO GIORGIO

ASSISTENTE EDITORIAL
ISADORA THEODORO RO-
DRIGUES

COORDENADOR DE ARTE
CECILIA WAGNER

PRODUÇÃO FOTOS
STEFANO CARTA
LEO RAW
MANOEL MARQUES

SUPORTE EDITORIAL
NÁDILA SOUSA

DESIGN
ANTÔNIO GULLO
ZEH HENRIQUE
TERESA SALOMON

TRATAMENTO FOTOS
TELHA CRIATIVA

PREPARAÇÃO DE TEXTO
GLEICE COUTO

ENSAIO LIVRO
FOTO
GUI PAGANINI

DIRETOR-PRESIDENTE
JORGE YUNES

REVISÃO
LUIZA CORDIVIOLA

STYLING
PEDRO SALES

GERENTE EDITORIAL
CLAUDIO VARELA

GERENTE DE MARKETING
RENATA BUENO

ATĒJA,

TCHURMA